KB111598

비대면
비즈니스
트렌드

비대면 비즈니스 트렌드

초판 1쇄 인쇄 | 2020년 9월 15일
초판 1쇄 발행 | 2020년 9월 22일

지 은 이 | 김동현, 마정산
발 행 인 | 이상만
발 행 처 | 정보문화사

책 임 편 집 | 노미라
교 정 · 교 열 | 안종군

주 　 　 소 | 서울시 종로구 동숭길 113 (정보빌딩)
전 　 　 화 | (02)3673-0114
팩 　 　 스 | (02)3673-0260
등 　 　 록 | 1990년 2월 14일 1-1013호
홈 페 이 지 | www.infopub.co.kr

I S B N | 978-89-5674-856-6(13320)

이 책은 저작권법에 따라 보호받는 저작물이므로 무단 전재와
무단 복제를 금하며, 이 책 내용의 전부 또는 일부를 사용하려면
반드시 저작권자와 정보문화사 발행인의 서면동의를 받아야 합니다.

※ 책값은 뒤표지에 있습니다.
※ 잘못된 책은 구입한 서점에서 바꿔 드립니다.

아주 오래된 미래, 언택트 쇼크

비대면
비즈니스
트렌드

김동현, 마정산 지음

정보문화사
Information Publishing Group

추천의 글

대학교에서 마케팅을 연구하는 교수로서 최근 코로나 팬데믹이 소비자와 마케터에게 어떤 영향을 미칠지를 관심 있게 지켜보고 있었다. 이 책에서 다양한 사례를 이용해 자세히 설명하고 있듯이 향후 기업들은 소비자와의 접촉을 줄이면서도 그들과 긍정적인 관계를 형성하려고 할 것이다.

이 책은 우리 사회가 아무런 예고 없이 한 번에 비대면 비즈니스 시대에 진입했다는 것을 보여주고 있고 우리가 앞으로 어떤 기회를 찾는 것이 좋을지를 제시하고 있다. 쉽게 읽힐 뿐 아니라 시의적절하고 의미하는 바도 큰 책이다.

- 박진용(건국대학교 경영학과 교수)

최근 갑자기 들이닥친 여러 가지 변화가 방송 및 매체 그리고 시청자에게 어떤 영향을 미칠지 궁금했다. 이 책에서 보여주는 비대면 생활 방식은 예상보다 빨리 우리에게 다가왔고 이미 다양한 매체에서 비대면을 주제로 많은 시도를 하고 있다. 방송 프로그램뿐 아니라 일상생활 속에서 앞서 나가는 데 많은 도움을 주는 아이디어와 사례를 찾아볼 수 있어서 매우 유익했다.

- 김유곤(tvN, '신박한 정리' 담당 PD)

2020년 우리에게 다가온 많은 이야기는 한 권의 책에 담기에는 부족할 정도다. 이 책은 그동안 엄청나게 쏟아져 나온 뉴 노멀(New Normal)에 대한 언론 기사와 데이터의 짜집기 수준이 아니라 주변에서 경험하고 있는 일상생활과 일 방식의 변화에 초점을 두고 잘 구조화했고 특히 비대면 사회의 핵심은 '디지털 연결성의 강화'라는 관점을 잘 보여주고 있다. 데이터 기반의 연결성 강화는 사회를 좀 더 투명하게 만들 것이고 대면 중심 사회와는 또 다른 사회적 신뢰를 구축하는 기반이 될 것이다. 이러한 주장은 기업 조직에게 매우 도전적인 조직 운영 혁신의 필요성을 제기하고 있다.

– 박형철(Mercer Korea 대표)

대부분의 사람은 트렌드를 학습할 때 현재의 변화에만 관심을 갖는 경향이 있다. 미래를 예측하고 대응하려면 과거와 현재를 균형 있게 바라볼 필요가 있는데, 코로나19로 인한 펜데믹이 과거와의 급격한 단절이라는 식의 주장이 일반화되고 있는 것은 바람직하지 않다고 생각한다. 이 책은 코로나19 사태 이전의 과거와 현재 진행 상황을 살펴보고 향후 기업의 변화 방향의 주요 포인트를 잘 제시하고 있고 대학생부터 일반 직장인까지 일상과 일터의 변화를 쉽게 파악할 수 있도록 친절하게 정리돼 있으므로 트렌드 입문서로서 부족함이 없을 것이다.

– 김민수(EY People Advisory Services 파트너)

프롤로그

이 책은 저자 두 명의 개인적 경험과 문제 의식에서부터 출발했다.

저자 중 한 명은 2019년부터 중국 북경에 근무하면서 코로나19가 중국 전역으로 확산되는 것을 직접 목격했다. 어제까지 당연시했던 모든 일상 생활을 더 이상 누릴 수 없었고 회사에서는 준비 안 된 재택근무를 갑자기 시행하느라 정신없는 시간을 보냈다. 재택근무 첫째 날에는 정상 출근한다는 마음으로 제시간에 일어나 샤워를 하고 9시부터 근무를 시작했다. 집에서 화상회의와 사내 메신저를 이용해 회의를 몇 건 끝내고 나니 하루가 다 지나갔다. '의외로 할 만하다.'는 생각이 들었다. 하지만 재택근무가 일주일 이상 길어지자 알 수 없는 피로감을 느꼈고 사무실로 출근하고 싶다는 생각이 들었다. 제대로 된 가이드라인 없이 재택근무를 한다는 것이 얼마나 힘든 일인지 알 수 있었다. 또한 밥을 먹고 물건을 구입하는 활동 역시 집안에서 인터넷과 스마트폰에 의존할 수밖에 없었다. 그 당시 중국에서의 모든 활동은 철저하게 사람 간의 접촉 없이 이뤄졌다. 어떤 활동은 매우 불편했고 어떤 활동은 아무런 문제가 없었다. 대면 활동과 비대면 활동의 차이점이 궁금해졌고 불편함을 느꼈던 비대면 활동을 어떻게 개선할 수 있을지 고민하고 자료를 정리하기 시작했다. 2020년 4월 한국으로 복귀한 후에도 비대면 활동에 대한 고민은 계속됐다. 또한 오랫동안 마케팅해왔던 경험을 바탕으로 현재 벌어지는 비대면 활동이 우리의 일상과 비즈니스에 혁신을 가져올 것이라는 믿음은 점점 강해졌다.

또 다른 저자는 오랜 시간 인사, 조직 분야 컨설팅을 수행하고 현재 기업에서 사내 교육과 기업 문화를 총괄하고 있다. 이미 수년 전부터 이 책에서 소개하는 대규모 온라인 공개 강좌(MOOC)의 중요성을 인식하고 현장에 접목하려고 노력해왔으며 기업 교육의 미래는 비대면 중심 프로그램에 있다고 생각해 교육 프로그램을 영상 콘텐츠와 다양한 마이크로콘텐츠로 전환해왔다. 그럼에도 불구하고 코로나 팬데믹 이후 변화의 속도가 너무 급격해 원래 사업계획에 적지 않은 어려움을 겪어야 했다. 그리고 이러한 현상은 단지 기업 교육뿐 아니라 일하는 방식에도 큰 영향을 미친다는 것을 확인했다. 지금까지 개인적 관심과 업무적 필요성 때문에 찾아뒀던 최근 수년 동안 기업 혁신 활동에 대한 자료를 다시 읽으면서 좀 더 현실적인 관점을 가질 수 있었다. 코로나19 사태 이후 한국으로 돌아와 오랜만에 만나 현재 우리 주변에서 볼 수 있는 비대면 활동에 대해 이야기를 나누던 중 서로의 관심사와 문제의식이 비슷하다는 것을 알게 됐고 비대면 방식의 현재와 미래에 대한 책을 함께 집필하기로 했다.

비대면 방식의 활동에 대한 책을 집필하기 위해 몇 가지 목표를 세웠다. 첫 번째는 현재 벌어지는 현상을 신문기사를 인용해 전달하는 방식은 사용하지 말자는 것이다. 현상을 정확히 보여주되, 현상이 발생하게 된 전후 상황과 앞으로 벌어질 일을 예측하고자 했다. 두 번째는 가능한 단순하고 명료하게 책을 쓰는 것이었다. 비대면 방식의 활동은 낯설지만 어떻게 보면 익숙한 활동이다. 보는 관점에 따라 다양하게 설명될 수 있기 때문에 가능한 한 상황을 이해하기 쉬운 방법으로 정리하고자 했다. 마지막 목표는 다양한 국내외 사례를 공유하는 것이다. 현재 벌어지는 비대면 방식의 변화는 전 세계에서 동시다발적으로 진행 중이다. 다른 나라에서 벌어지는 다양한 사례를 통해 더 많은 아이디어를 얻고 새로운 시도를 할 수 있도록 하기 위함이다.

이 책은 크게 2부로 구성돼 있다. 1부는 비대면 방식의 활동이 우리에게 어떻게 다가왔고 이러한 활동이 우리에게 어떤 의미를 주는지를 정리했다. 1부에서 핵심적으로 전달하려는 메시지는 비대면 방식의 활동이 결코 새로운 것이 아니라 이미 우리 곁에 오랫동안 존재해왔던 활동이라는 점이다. 다만 코로나 팬데믹을 맞아 우리에게 급격하게 다가왔고 디지털 기술이라는 새로운 요소가 결합돼 낯설어 보인다는 점을 강조하고 있다.

1부에서 중요한 또 다른 메시지는 비대면 방식의 개념을 새롭게 정의하는 것이다. 이미 언택트, 언컨택트, 비대면 등의 용어로 한국에서 많이 인용되고 있지만, 이 책에서 전달하려는 비대면 방식의 핵심 개념은 '비대면 연결(Contactless Connectivity)'이다. 비대면 연결을 시간과 장소에 상관없이 소비자와 기업, 기업과 직원, 친구와 친구가 직접 얼굴을 맞대지 않더라도 서로 연결돼 활동할 수 있다는 개념이다. 비대면 연결은 단순히 직접적인 접촉을 피하는 언택트의 개념보다 훨씬 포괄적이며 초연결(Hyper Connectivity) 사회가 가져온 과다한 스트레스에서 벗어날 수 있는 대안이라 볼 수 있다.

2부에서는 비대면 방식의 활동이 우리 일상생활과 비즈니스에 가져온 다양한 변화를 소개하고 있다. 단순히 국내외 사례를 나열하는 것이 아니라 비대면 사례가 나오게 된 배경과 효과 등을 좀 더 심도있게 제시하려고 노력했다. 특히 커뮤니티에서 볼 수 있는 비대면 활동은 종교, 스포츠 등과 같은 다양한 분야에서 발굴해 새로운 관점을 가질 수 있도록 구성했다. 그리고 업무, 즉 일과 교육 분야에서 어떤 현상이 벌어지고 있으며 앞으로 우리가 어떻게 대처할지에 대해서도 자세히 정리했다.

비대면 방식의 활동은 2020년을 기점으로 폭발적으로 확산되고 빠르게 진화하고 있다. 이 책의 내용은 어쩌면 현재 벌어지는 비대면 생활과 비즈니스 중 극히 일부분일지도 모른다. 하지만 책에서는 비대면 방식의 핵심적 개념과 수요 원리를 다양한 사례와 함께 소개하고 있기 때문에 향후 전혀 새로운 형태의 비대면 활동이나 사업 기회를 만나더라도 쉽게 응용할 수 있을 것이다.

2020년 1월부터 책을 준비하면서 새롭고 다양한 것을 배울 수 있었다. 앞으로 확산될 것이라고 예측했던 활동이 빠르게 자리잡는 모습을 보면서 즐겁기도 했고 예측과 다른 방향으로 흘러갈 때는 많이 당황하기도 했다. 하지만 비대면 방식의 활동을 바탕으로 우리가 직접 대면하지 않더라도 얼마든지 더 많이 연결될 수 있다는 사실, 즉 비대면 연결이 서서히 실현되는 모습을 보는 것은 무엇보다 즐거운 경험이었다.

이 책에서 다루지 못한 새로운 사례와 관점은 이제 책을 읽는 독자의 몫이다. 독자가 새로운 비대면 방식의 사례를 발견하고 책에 있는 내용과 비교해 어떤 점이 더 좋아졌고 어떻게 개선할 수 있을지를 잠시라도 고민하고 좀 더 나은 미래를 준비할 수 있다면 책의 저자로서 더할 나위 없이 기쁠 것 같다.

이제부터 우리 앞에 다가온 비대면 방식의 일상과 비즈니스를 알아보기 위해 함께 길을 떠나보자.

차례

01부

비대면 연결, 너는 누구니?

02부

비대면 방식이 바꾼 일상생활과 비즈니스

01부

비대면 연결,
너는 누구니?

1부에서는 최근 부각되고 있는 비대면 방식이 무엇인지를 알아본다.

1장에서는 비대면 방식이 나오게 된 배경과 이들이 어떤 특징을 지녔는지 파악하고

2장에서는 비대면 방식이 전혀 새로운 것이 아니라 과거부터 이미 우리 곁에 있었던

방식이라는 점을 확인하고 앞으로 우리 사회에 안착할 수 있을지를 살펴본다.

01장

갑자기 다가온
비대면 사회

집에서 치러진 비대면 채용 시험

2020년 코로나19가 앞으로 우리의 일상생활과 비즈니스에 어떤 영향을 미칠 것인지를 보여주는 상징적인 두 가지 장면이 있었다.

첫 번째 장면은 5월 30일과 31일 집에서 치러진 삼성그룹 공채 필기시험이다. 삼성그룹 공채에 응시한 지원자는 삼성그룹 필기시험인 삼성직무적성검사(GSAT)를 치러야 하는데, 올해는 코로나19 때문에 응시자가 집에서 GSAT를 치르게 됐다. 삼성그룹은 응시자에게 사전에 비대면 시험을 위한 스마트폰 거치대, 개인 정보 보호용 가리개, 메모지 등이 들어 있는 키트를 우편으로 발송했고 응시자는 정해진 시간에, 정해진 방식으로 집에서 시험에 참여했다. 삼성그룹은 삼성SDS의 화상회의 시스템을 활용해 삼성 직원 1명이 모니터로 9명의 응시자를 감독하는 방식으로 시험을 진행했다. 이는 창사 이래 처음이자, 한국의 대기업 중 최초로 진행한 비대면 방식의 입사 시험이었고 매년 수만 명의 응시자가 보는 공채 필기시험이라 많은 사람의 관심을 끌었다. '낯설어서 힘들다.', '큰 모니터를 갖고 있는 사람에게 유리하다.'와 같은 의견에서부터 '코로나19가 돌고 있는데, 대규모 집합 시험을 대신해서 좋다.', '이동 시간을 아낄 수 있어서 좋다.' 등과 같은 다양한 의견이 나왔다. 삼성그룹도 이번 비대면 방식의 필기시험에 긍정적인 반응을 보였는데, 그 주된 이유는 비용 절감 효과가 크기 때문이다. 매년 대규모 집합 시험에 필요한 시험 장소의 임대 비용보다 비대면 방식의 시험이 경제적이기 때문이다. 삼성그룹은 앞으로도 비대면 입사 시험을 지속할 것인지 검토할 것이라 했고 다른 그룹사 역시 비대면 입사 시험의 도입을 검토하고 있다고 한다.[1]

만약 올해 삼성그룹이 처음 도입한 비대면 방식의 입사 시험이 앞으로 관례화되거나 대다수 기업이 이와 비슷한 비대면 방식의 시험을 도입한다면 우리의 일상은 어떻게 달라질까? 취업을 준비하는 취준생에게는 어떤 변화가 있을까? 취준생을 대상으로한 교육 시스템 역시 비대면 형식으로 바뀔 것인가? 비대면으로 치러진 삼성직무적성검사는 향후 온라인 시험의 표준으로 자리잡게 될까?

두 번째 장면은 유럽의 공항 출국장이다. 유럽 각국으로 승객을 실어나르는 유럽의 공항은 언제나 많은 항공편이 거미줄처럼 연결돼 있었다. 하

---

1 사상 첫 온라인 삼성고시 무사히 끝나… 새 트렌드 될까?, 연합뉴스, 2020년 5월 31일

지만 코로나 팬데믹 이후 대부분의 유럽 공항 출국장에서는 다음과 같은 항공편 현황을 쉽게 볼 수 있다. 런던, 파리 등 주요 도시로 가는 항공편은 취소됐고 어쩌다 보이는 한두 편은 연착 중이다. 하지만 이들 항공편 역

020	LONDON	CANCELLED
021	PARIS	CANCELLED
022	ROM	CANCELLED
023	BERLIN	CANCELLED
024	BARCELONA	CANCELLED
025	MADRID	CANCELLED
026	PRAGUE	CANCELLED
027	MUNICH	CANCELLED
028	VIENNA	CANCELLED
029	DUBLIN	DELAYED
030	AMSTERDAM	CANCELLED
031	BRUSSELS	DELAYED
AIRPORT CLOSED		EPIDEMIC WARNING

유럽 내 항공편이 모두 취소됐고 '전염병 경고(Epidemic Warning)'라는 안내를 볼 수 있다.

시 곧 취소로 바뀔 수도 있다. 그리고 현황판 밑에는 '전염병 주의'라는 말과 함께 공항이 폐쇄된다는 안내문을 볼 수 있다.

실제로 유럽 내 항공기 운항 편수는 전년 동기 대비 3월에는 -41%, 4월에는 -88%, 5월에는 -86% 줄어들었다.[2] 코로나19가 유럽에서 어느 정도 통제되고 EU에 거주하는 유럽인의 일상이 다시 안정화된다면 유럽 도시 간의 이동은 다시 증가할 것이다. 하지만 최근 몇 개월 간의 봉쇄 속에서 항공사는 엄청난 재정 적자를 겪어야 했고 유럽인은 50년 전 국가 간 장벽이 높았던 시대의 삶이 어떠했을지를 직접 체험하고 있다. 얼마 전까지 직접 얼굴을 보면서 업무를 처리하던 방식에서 이제는 멀리서 원격으로, 즉 비대면으로 업무를 처리하는 방식을 익히기 시작한 것이다.

이런 상황 속에서 과연 유럽인의 일상생활은 앞으로 어떻게 변화할까? 오랫동안 국경을 놓고 치열하게 전쟁을 했지만, 20세기에 들어와 하나된 유럽을 만들려고 했던 노력은 수포로 돌아갈까? 국경에 상관없이 일상생활과 비즈니스를 해왔던 유럽인의 삶은 다시 국경 초소에서 검문을 받고 국가별 서로 다른 관세와 환율을 계산해야 하는 시대로 돌아갈 것인가? 여

2 Covid19 Eurocontrol comprehensive air traffic assessment, Eurocontrol, 2020년 6월

기서 더 나아가 이제 한국에서 유럽으로 여행을 간다면 유럽인은 과연 외지인을 어떻게 대할까? 우리가 불과 얼마 전까지 쉽고 편하게 즐겼던 유럽 도처의 풍부한 문화유산과 관광자원 그리고 박물관을 다시 예전처럼 이용할 수 있을까?

이 책에서는 삼성그룹의 비대면 공채 필기시험과 유럽 내 지역 폐쇄와 같이 그동안 한 번도 보지 못했던 현상이 우리에게 의미하는 바를 살펴볼 것이다. 그리고 코로나19가 촉발한 변화 속에서 비대면 방식의 일상생활과 비즈니스가 어떻게 뉴 노멀(New Normal)로 자리잡았는지 그리고 비대면 방식이 일상생활과 비즈니스에 안착하기 위해서는 어떤 과제가 필요한지를 알아볼 것이다.

우선 1장에서는 코로나19가 한국과 다른 나라에 영향을 미친 변화와 우리의 대응 그리고 비대면 비즈니스에 대한 개념을 어떻게 정의해야 하는지 등을 간략하게 살펴본다. 먼저 코로나19가 우리 사회에 준 충격과 변화를 살펴보자.

2020년 코로나19가 가져온 변화

코로나19가 우리의 삶에 미친 영향은 너무 크지만, 더 큰 문제는 앞으로도 우리에게 끊임없이 예측 불가능한 충격을 줄 수 있다는 점이다. 하지만 한 가지 확실한 것은 코로나19가 가져온 몇 가지 충격은 우리 사회에 비가역적인 변화를 줄 것이라는 점이다. 코로나19에 따른 변화는 우리의 경제 시스템, 비즈니스 방식, 정치 체계, 건강과 보건의료 체계, 문화 및 엔터테인먼트 산업 그리고 우리의 일상생활에 큰 영향을 미치고 있다.

코로나19가 가져온 충격과 변화에 적극적으로 대응하는 기업과 조직은

중세의 흑사병은 죽음의 신처럼 귀족, 기사, 성직자 그리고 일반인 모두에게 엄청난 변화를 가져왔다.

과거 대비 더 높은 성과와 수익을 올릴 것이고 변화를 적극적으로 수용한 개인은 앞으로 다가올 세상에서 다양한 혜택과 선택권을 누릴 수 있을 것이다. 이와 반대로 적절히 대응하지 못한 개인과 기업, 심지어 국가는 과거와 달라진 변화에 대처하느라 힘든 시간을 보낼 것이다.

코로나19와 같은 전염병이 사회 및 경제 체계에 큰 영향을 미친다는 사실은 중세 유럽의 흑사병을 보면 알 수 있다. 중세시대 영국과 서유럽에서는 흑사병이 창궐해 급격한 인구 감소를 겪게 됐다. 귀족에게 소속된 농노의 수가 급격히 줄어듦에 따라 농노에 대한 처우가 개선됐고 도시 노동자가 받을 수 있는 임금 역시 상승했다. 그뿐 아니라 더 나은 조건을 제시하는 귀족과 도시로 이주하려는 사람의 수 역시 증가했다. 결국 중세 유럽의 흑사병과 같은 전염병은 사회 변화를 촉진하는 계기가 됐다.[3]

코로나19가 한국인에게 어떤 충격과 변화를 가져왔는지 간단히 살펴보자.

3 https://en.wikipedia.org/wiki/Consequences_of_the_Black_Death

메르스와 코로나19 비교

구분	코로나19	메르스
정의	SARS-Cov-2 감염에 따른 호흡기 증후군	MERS-Cov에 따른 호흡기 감염증
전파 경로	• 현재까지는 비말 접촉을 통한 전파로 알려짐.	• 중동 지역 단봉 낙타 접촉에 따른 감염 전파 보고 • 사람 간 감염은 병원 내, 가족 간 감염 등 밀접 접촉에 따른 전파
잠복기	1~14일(평균 4~7일)	2~14일(평균 5일)
증상	발열, 권태감, 호흡 곤란 및 폐렴, 급성 호흡 곤란 증후군 등	발열, 기침, 호흡 곤란, 두통, 오한, 인후통, 콧물, 근육통, 식욕 부진, 복통, 설사 등
치료	• 대증 치료 • 예방 백신 없음.	• 대증 치료 • 예방 백신 없음.
예방	• 올바른 손씻기(예: 흐르는 물에 비누로 30초 이상 손 씻기) • 기침 예절 준수 • 씻지 않은 손으로 눈, 코, 입 만지지 않기	• 올바른 손씻기(예: 흐르는 물에 비누로 30초 이상 손 씻기) • 기침 예절 준수 • 씻지 않은 손으로 눈, 코, 입 만지지 않기

출처: 질병관리본부

21세기 이후 한국이 처음으로 전염병에 심각하게 노출된 것은 2015년 메르스(MERS) 사태였다. 2015년 메르스 사태를 겪으면서 전염병에 대한 인식이 변화했고 개인과 집단의 안전이 중요한 화두로 부각됐다. 하지만 코로나19가 가져온 변화의 여파는 메르스가 촉발한 변화에 비할 바가 아니다. 메르스 사태를 통해 국가 방역시스템이 개선됐고 전염병이 퍼지면 어떤 현상이 벌어지는지 학습할 수 있었지만, 그 누구도 코로나19와 같은 전염병이 올 것이라고는 예측하지 못했다. 무엇보다 메르스와 코로나19는 많은 점에서 비슷하고 심지어 방역 방식 역시 비슷하지만, 코로나19가 지금과 같은 엄청난 충격과 공포를 가져올지는 상상하지 못했다.

코로나19가 가져온 충격과 공포는 엄청났다. 언론에서는 매일매일 확진자 증가 수치를 발표했고 거의 실시간으로 확진자의 동선과 거주지 등이 공개됐다. 그리고 사망자 관련 수치도 꾸준히 발표됐다. 초기에는 코로나19에서 벗어날 방법도 알 수 없었고 코로나19에 효과적으로 대처할 방법도 몰랐다. 결국 개인이 자신과 가족의 건강을 책임져야 한다는 절박함만이 남았다. 손소독제, 마스크 등을 구하는 것은 하늘에서 별을 따는 만큼 어려웠고 검증되지 않은 다양한 정보가 떠돌았다. 다행히 의료진의 헌신과 질병관리본부, 정부의 노력 그리고 사회적 거리두기(Social Distancing)와 같은 정책에 적극적으로 호응한 국민 덕분에 'K-방역'이라는 명칭을 얻을 만큼 한국의 상황을 다른 나라 대비 점차 안정화됐다.

그렇다고 해서 코로나19에 대한 걱정이 줄어든 것은 아니었다. 아직 확실한 백신이 나온 것도 아니고 우리의 몸 안에 코로나19에 대한 강력한 항체가 생긴 것도 아니지만, 우리의 정신과 사회 시스템은 코로나19에 둔감해지고 서서히 지쳐가기 시작했다. 코로나19의 확산이 줄어들기만 하면 어딘가에서 새로운 확진자가 발생했고 다시 원점에서 방역이 시작되는 일이 반복됐다.

시간이 지날수록 우리는 코로나19가 개인의 건강과 안전뿐 아니라 사회 전체의 번영과 안전마저 위협할 수 있다는 점을 인식하게 됐다. 즉, 코로나19로부터 건강하게 살아남는 것뿐 아니라 먹고사는 문제까지 절박하게 고민하게 된 것이다.

코로나19가 우리 사회 전반에 가져온 변화는 다양했다. 먹는 것, 입는 것, 사람과 만나는 방법뿐 아니라 비즈니스 방식에도 영향을 미쳤다. 코로나19가 가져온 변화가 무엇인지 좀 더 구체적으로 알기 위해 우선 코로나19가 초래한 현상을 주요 국가별로 간단히 살펴보자.

코로나19는 어떻게 시작됐을까?

중국 우한(Wuhan, 武漢)에서 정체불명의 폐렴이 돌고 있다는 기사는 2019년 12월 말부터 들을 수 있었다.[4] 하지만 중국에서는 12월 초부터 우한에서 집단적인 전염병 또는 폐렴이 돌고 있다는 소식이 중국인 사이에서 퍼지고 있었다. 2019년 11월에는 흑사병이 내몽고에서 발생한 적도 있었고 중국이 워낙 넓고 인구가 많기 때문에 크고 작은 전염병이 발생했다가 소리소문 없이 사라지기도 했다. 어디선가 전염병이 새로 발생했고 중국 정부에서 어느 선까지 정보를 관리할 것이라 생각했다. 평소처럼 그냥 지나가는 하나의 해프닝, 즉 어디까지나 다른 나라의 일이라 생각했다.

하지만 상황은 1월 25일 중국의 춘절(春節), 즉 한국의 설을 맞이하기 직전에 급격히 나빠졌다. 우한에서 춘절을 맞아 다양한 대규모 행사를 공공 장소에서 진행했고 이 행사에 참석한 우한 주민을 중심으로 정체불명의 폐렴이 급격히 확산되기 시작했다. 더 큰 문제는 우한 폐렴의 진원지가 중국 내륙 교통의 요지인 우한 한코우 기차역(汉口站) 근처라는 점이었다. 2019년 기록을 보면, 2019년 춘절 연휴 전후 40일 동안 550만 명이 우한 한코우 기차역을 이용했고 또 다른 명절인 4월 5일 청명절 하루에 15만 6,000명이 우한 한코우 기차역을 이용해 최고 이용객 수 기록을 경신하기도 했다.[5] 2020년 춘절 연휴 기간 동안에도 몇백만 명의 우한 주민이 우한 한코우 기차역을 이용해 춘절맞이 고향 방문을 하고 있었다. 그뿐 아니라 다른 지역에서 온 중국인 역시 한코우 기차역을 경유해 자신의 고향으로 이동하고 있었다. 중국의 춘절은 10월에 있는 국경절과 함께 가장 중요

---

4 중국서 원인 불명 폐렴 잇따라…'사스 아니길' 걱정, 연합뉴스, 2019년 12월 31일
5 https://baike.baidu.com/

한 연휴이며 공식적으로 주말을 포함해 일주일 동안 쉴 수 있다. 고향을 떠나 타지에서 일을 하거나 공부를 하는 중국인은 춘절 연휴 기간 동안 앞뒤로 휴가를 더 붙여 고향을 방문하는 것이 관례였기 때문에 알 수 없는 폐

우한(Wuhan)은 중국 대륙 중앙에 위치한 교통의 중심지이다.

렴의 전국 확산은 시간문제일 수밖에 없었다.

우한 지역은 춘절 전부터 급격히 상황이 악화됐고 다른 지역 역시 서서히 위기감이 고조되고 있었다. 하지만 북경만 놓고 본다면, 춘절 연휴 전까지는 아직 그렇게 큰 충격을 느끼지 못했다. 길거리에는 마스크를 쓰고 다니는 사람이 더 자주 보였지만, 겨울에는 원래 공기 오염과 황사 때문에 마스크를 쓰는 사람이 많아 그리 특별해 보이지는 않았다. 하지만 일상생활은 점점 알 수 없는 공포와 긴장감이 만연하기 시작했고 정부의 통제 역시 서서히 강화됨을 조금씩 느낄 수 있었다.

중국은 춘절을 기점으로 코로나19가 급증하면서 전국적인 방역 통제 시스템이 강력하게 운영되기 시작했다. 우한과 호북성에서는 1월 23일 이후 강력한 봉쇄 정책이 시행됐고 다른 지역 역시 철저한 통제하에서 방역이 진행됐다. 특히 중국의 수도인 북경은 우한에 준하는 강력한 방역 정책을 펼치기 시작했다. 회사에서의 회식뿐 아니라 일체의 외식은 금지됐고 모든 식당과 나이트클럽, 관광지 등 사람이 모이는 장소는 모두 문을 닫았다. 아파트 주민은 자신이 실거주한다는 사실을 증명서 형태로 발급받아야만 아파트에 들어갈 수 있었고 회사원 역시 회사 건물에 들어갈 때마다

QR코드를 찍어 자신의 개인 정보와 건강 상태를 제공해야 했다. 하지만 대부분의 회사가 방역을 목적으로 3월까지 재택근무 또는 교대근무를 실시했기 때문에 실제 회사에 출근하는 횟수는 많이 줄어들었다. 많은 회사가 아무런 준비 없이 갑자기 재택근무를 도입해야 했고 회사에는 인사팀과 방역 TF를 맡은 팀만 사무실에 나와 있는 경우가 비일비재했다. 반면, 공장에서는 코로나 확산 때문에 모든 생산 라인이 멈춰야 했다. 하지만 중국 정부에서 경제를 다시 활성화하기 위해 3월 이후 공장을 돌리라고 지시해도 춘절 기간 동안 고향에 갔다가 지역이 봉쇄돼 다시 돌아오지 못한 공장 직원이 다수여서 실제 공장을 운영하는 일 자체가 불가능했다.

회사 또는 공장에 다니는 직장인 외에 일반인, 특히 가정주부와 학생 역시 많은 영향을 받았다. 가정주부는 장을 보러 나갈 수 없었고 '메이투안'과 같은 배달 서비스는 아파트 단지 안으로 들어올 수 없었다. 아파트 정문 앞에는 배달된 식자재와 식사 그리고 간식이 주인을 기다리고 있었다. 3월 이후 외식이 서서히 허용돼 식당이 하나둘 문을 열기 시작했지만, 식당에 가기 위해서는 먼저 건물 입구에서 체온을 재고 QR코드로 신분을 등록하고 다시 식당 입구에서 체온을 재고 자필로 전화번호와 주민번호, 이름 등을 기재해야 했다. 체온계와 손소독제 등을 미리 구입하지 못한 식당은 식당을 열고 싶어도 열지 못하는 경우도 쉽게 볼 수 있었다. 간신히 식당 문을 열더라도 시정부의 방역 지침을 철저히 지켜야만 했다. 12명이 동시에 앉을 수 있는 커다란 원탁 테이블에는 사회적 거리두기를 감안해 겨우 4명만 앉을 수 있었다.

마트에 가더라도 이와 똑같은 경험을 해야 했다. 마트에 들어가려면 입구 밖에서 1m 간격으로 서 있다가 번호표를 받은 후 입구에서 체온을 재야 했다. 마스크를 쓰지 않으면 입장이 불가능했다. 마트 내에서는 매장 내

출근 시 건물 입구에서 QR코드를 스캔한 후 발열 및 건강 상태 등을 입력하면 스마트폰에 발급되는 건물 출입증

이동통신사와 연계해 최근 14일간 북경 시내를 벗어난 적이 없음을 확인시켜주는 모바일 증명서
개인의 모바일 전화번호를 APP에 입력하면 14일간 본인이 있었던 도시가 나타나는데, 이를 정기적으로 회사에 제출해야 함.

에서 최소 1m 이상 거리두기를 철저히 지키라는 방송이 끊임없이 흘러나왔다.

학생 역시 학교에 가는 대신 온라인 수업을 들어야 했다. 전 세계 모든 학생이 동일하게 겪은 일이지만, 교육 당국, 학교, 학생 그리고 학부모 중 어느 누구도 이런 상황을 예상하지 못했다. 다들 갑작스럽게 닥친 온라인 수업을 준비하느라 힘들게 지냈다. 불행 중 다행이라면 시기적으로 방학이라 조금이라도 준비할 여력이 있었다는 점이었다. 인터넷 등의 인프라가 상대적으로 좋은 북경, 상해 등의 대도시에 사는 학생은 상대적으로 온라인 수업을 준비하기 좋았지만, 낙후한 시골에 살거나 춘절을 맞아 고향에 갔다가 학교가 있는 지역으로 돌아오지 못한 학생은 상황이 좋지 않았다. 시골에서는 인터넷 통신망이 잘 안 터져 어린 학생이 마을 입구에 있는 도로변에서 온라인 수업을 듣고 있다는 미담 아닌 미담이 연일 보도됐다.

북경 시내 마트(징커롱) 앞에서 입장을 기다리는 고객 모습 (2020년 3월)

대중교통 역시 다양한 변화를 겪었다. 도시 내의 대중교통은 이용자가 없어서 매우 한산해졌다. 대부분 재택근무 또는 온라인 수업을 하느라 집 밖으로 나오는 사람이 적었기 때문이다. 집 밖으로 꼭 나가야 하는 사람은 자가용을 이용했고 자가용이 없는 사람은 다른 사람의 접촉을 최소화하기 위해 택시 또는 '디디(滴滴)'를 이용했다. 디디는 일종의 공유 자동차 서비스로 '디디추싱(滴滴出行)'이라는 플랫폼에 등록한 차주가 마치 우버(Uber)처럼 운전 서비스를 제공하고 돈을 버는 방식이다. 중국에서는 최근 디디와 같은 공유 자동차 서비스가 매우 빠르게 정착해 택시 산업을 위협하고 있는데, 디디는 운전자와 승객 간의 방역을 위해 회사 차원에서 운전석과 뒷자석 사이에 비닐로 칸막이를 하고 방역에 협조해 달라는 안내 문구를 부착하고 있었다. 방역을 위한 최소한의 노력이었다.

재미있는 점은 불과 몇 달 사이에 코로나19에 대응하기 위한 다양한 기술과 장비가 속속 등장했다는 점이다. 북경 시내의 마트의 예를 다시 들어보자. 3월 초만 하더라도 마트를 이용하려면 입구에서 마트 점원이 일일이 비접촉 체온계를 이용해 체온을 측정했지만, 3월 중순이 되자 매장 내부에 체온 측정 무인 장비를 설치해 자동으로 체온을 측정할 수 있도록 바뀌었

디디 차량 내 운전석과 뒷자석 사이의 비닐 칸막이
(2020년 3월)

디디 차량 내 방역 협조를 구하는 디디추싱 회사의 안내
문구(2020년 3월)

다. 마치 맥도날드 또는 롯데리아 등에 설치된 무인 주문 키오스크(Kiosk)
처럼 생긴 체온 측정기 앞에 서면 자동으로 체온이 측정되고 매장 내 진입
여부가 결정된다. 측정을 위해 촬영된 개인 이미지와 체온 정보가 어딘가
에 저장되는지는 알 수 없지만, 매장 진입까지 기다리는 시간은 단축됐고
비대면 체온 측정이라 감염 위험 역시 줄일 수 있었다. 반면, 체온 측정을
담당하던 매장 내 직원은 더 이상 볼 수
없었다. 또한 대형 쇼핑몰은 매장 입구뿐
아니라 사람의 이동이 많은 에스컬레이터
앞에도 자동 체온 측정계와 모니터를 설
치해 실시간으로 유동객의 발열 상태를
측정할 수 있도록 했다.

QR코드 및 이동통신을 활용한 방역 및
정보 공유 역시 빠르게 확산됐다. 중국은
원래 QR코드를 잘 사용했고 한국의 카카
오톡과 같은 메신저 서비스인 위챗(중국
명 微信) 그리고 카카오 페이와 비슷한 모
바일 결제 서비스를 제공하는 알리페이

주변에 있는 코로나19 확진자의 세부
위치를 알려주는 APP으로 현재 내가 사는
집에서 693m 떨어진 곳에 위치한 확진자의
주소를 볼 수 있다.

(Alipay, 중국명 支付宝)가 일상화된 국가이므로 방역 초기부터 QR코드를 활용한 방역에 거부감이 없었다. 출근 또는 식당 출입을 위해 QR코드를 찍어 개인 정보 및 건강 상태를 등록하는 일은 일상화됐고 더 나아가 개인의 위치 정보와 확진자 정보를 융합해 인근에 있는 확진자의 세부 위치까지 알려주는 앱도 등장했다.

한국의 코로나19의 상황은 중국과 다르게 진행됐다. 중국이 춘절 이후 코로나 때문에 엄청난 사회 문제를 겪고 있었지만, 한국은 2월 중순까지는 경계 수준만 꾸준히 높이면서 중국과 다른 국가들의 상황을 주시하고 있었다. 하지만 2월 18일 대구에서 31번 확진자가 나오면서 상황은 급격히 악화되기 시작했다. 대구에서 발생한 집단감염을 통해 한국은 단기간에 중국 다음으로 확진자가 많은 나라가 됐고 전국에서 확진자가 속출했다. 의사, 간호사, 의료 종사자의 헌신적인 노력이 있었지만, 상황은 나아질 기미가 보이지 않았다.

다행히 드라이브스루와 같은 혁신적 시스템이 도입됐고 온 국민이 단결해 사회적 거리두기 등의 활동을 적극적으로 수행했다. 하지만 당장 필요한 마스크와 손소독제 등은 쉽게 구할 수 없었고 먹고 마시고 친구를 만나는 것과 같은 일상생활 역시 많이 위축될 수밖에 없었다. 그래도 중국과는 달리 봉쇄정책을 택하지 않았기 때문에 일정 수준의 일상생활은 계속 누릴 수 있었다.

하지만 하루하루 살아가는 모습은 예전과 다른 모습으로 빠르게 변화하기 시작했다. 회사에서는 재택근무를 도입하기 시작했다. 회사에 매일 출퇴근해 같은 공간에서 근무하는 전통적인 방식 대신 집 또는 제3의 장소에서 근무하는 방식을 적극 권장하기 시작했다. 비록 모든 기업이 적용한 것은 아니지만, 이러한 재택근무 또는 원격근무는 한국 사회에서 새로운 실험인 것은 틀림없었다. 채용시장도 변화했다. 3월 이후 취업 시장이 급격히 얼어붙었지만, 5월 이후 취업 시장은 서서히 열리기 시작했다. 앞에서 말한 삼성그룹의 비대면 공채 역시 취업 시장이 아직 살아 있다는 증거였다. 공기업 또는 공공 기관을 중심으로 채용 인터뷰가 다시 진행됐다. 다만, 마스크를 착용한 면접이거나 화상 시스템을 활용한 비대면 면접으로 진행됐다.[6]

교육 현장에서도 많은 변화가 있었다. 유치원에서부터 대학원까지 모든 교육시설이 문을 닫았다. 대안으로 떠오른 것은 온라인 수업이었고 원격 영상회의 시스템을 활용한 수업이 진행됐다. 물론 중·고등학생을 위한 사설 학원에서도 정부의 가이드라인에 맞춰 수업을 진행했다. 인터넷 강의로 유명한 학원은 자신의 전문 영역, 즉 인터넷 활용한 홈스쿨링을 적극적으로 홍보했다. 집에서 더 많은 시간을 보내야 하는 학생과 학부모를 위해 천재교육은 '밀크티'라는 인강 시스템, 메가스터디는 '엘리하이'라는 초등생용 인강 시스템을 태블릿 PC와 결합해 적극적 판촉 활동을 진행했다.[7]

대학교와 대학원 그리고 전문 교육 기관은 초·중·고 교육 시스템과는 또 다른 어려움을 겪고 있다. 의무 교육이 아닌 교육 시스템은 '꼭 입학을 해야만 하나?'라는 본질적 도전에 직면했다. 비대면 수업, 즉 사이버 강의를 듣기 위해 입학한 2020년 대학 신입생부터 비싼 등록금을 내고 입학한 경영 대학원생 모두 자신의 선택을 합리화하기 위한 답을 찾아야 했고 대학의 총장과 교수 역시 학생을 유치하기 위한 더 좋은 방안을 찾아야 했다. 그리고 등록금 반환 운동과 같이 좀 더 현실적인 논쟁도 많이 진행됐다.

---

6   얼어붙은 채용시장의 새바람…비대면 채용 늘어난다, 연합뉴스, 2020년 4월 6일
7   거듭 연기되는 개학…유통업계, 홈스쿨링 특수 마케팅 박차, 아주경제, 2020년 3월 22일

미국과 유럽의 상황 역시 3월 이후 빠르게 악화되고 있었다. 이탈리아를 중심으로 확산되기 시작한 유럽발 코로나19 사태는 유럽 전역을 휩쓸고 미국과 일본으로 확산됐다.

코로나19는 미국인에게는 저멀리 바다 건너에서 벌어지는 일이었다. 하지만 3월 이후 갑자기 확진자와 사망자 수가 증가하기 시작했다. 미국 전체가 패닉에 휩싸였다. 마스크 쓰는 것에 반대하는 의견이 팽배했는데도 시장에서는 마스크와 손소독제를 찾아볼 수 없었다. 마스크를 개인이 직접 만들어 사용하는 DIY 마스크가 유행하기도 했다.

전국적으로 사재기가 일어나기 시작했다. 뉴욕과 같은 대도시에 있는 큰 마트에서 시골에 있는 작은 가게에 이르기까지 물건이 동나기 시작했다. 타이레놀과 같은 해열제는 말할 것도 없고 오랫동안 저장할 수 있는 캔, 통조림뿐 아니라 유통 기간이 짧은 채소와 고기, 빵도 사재기의 대상이었다. 한 가지 특이한 점은 두루마리 휴지와 티슈도 사재기의 대상이었다는 점이다. 이는 휴지에 사용되는 원료가 코로나 방역에 필요한 재료라서 조만간 휴지를 구할 수 없을 것이라는 루머가 돌았기 때문이다.

뉴욕과 같은 대도시는 적극적인 사회적 거리두기를 시행했다. 반발도 많았지만, 시민은 봉쇄 기간 동안 학교와 기업에 출근하지 못했고 온라인 수업과 원격 근무를 서둘러 도입해야 했다. 사람들은 도시가 봉쇄되자, 온라인 배송을 적극적으로 활용했지만, 배송 인프라가 충분하지 못한 관계로 식자재와 식료품의 당일 배송을 약속했던 아마존 프레시(Amazon Fresh)는 서비스를 일시 중단하기도 했다.

사람들이 집 밖으로 나오지 않게 되자, 뉴욕에 있는 식당은 어려움을 호소했고 이들을 위해 우버 이츠(Uber Eats)와 심리스(Seamless)와 같은 음식 배달 서비스는 지역 식당 살리기 캠페인을 실시해 집 근처에서 음식을 주

코로나로 한산해진 뉴욕을 마스크 쓴 뉴요커가 지나가고 있다.

문하면 배송료를 할인해주기도 했다. 그리고 평상시에는 프로모션 또는 배달에 관심도 없던 고급 레스토랑 역시 위기를 극복하기 위해 배달 전용 메뉴를 만들어 팔기 시작했다.

한국의 대학과 마찬가지로 미국에서도 대학 등록금 반환과 관련된 격렬한 논쟁이 있었다. 특히 미국 대학은 전 세계에서 가장 많은 유학생을 보유하고 있기 때문에 2020년 상반기 다수의 유학생이 등록하지 않아 엄청난 재정 적자를 기록하기도 했다.

이번에는 유럽의 상황을 살펴보자. 코로나 팬데믹 기간 동안 유럽이 겪은 가장 큰 혼란은 '국경'을 둘러싸고 나타났다. 유럽은 오랫동안 하나된 유럽을 지향하면서 EU 체계를 구축해왔다. 국가 간의 국경은 존재하지만, EU에 속한 국가는 마치 서울에서 인천을 가듯 프랑스에서 독일로 자동차로 쉽게 국경을 넘을 수 있었다. 하지만 코로나19 때문에 국경은 점차 폐쇄되기 시작했다. '하나된 유럽'이라는 이상은 바이러스라는 눈에 보이지 않는 존재 앞에서 단지 하나의 슬로건에 지나지 않는다는 것을 알 수 있었다.

유럽을 코로나19에 어떻게 대처했는지 그리고 대처 과정에서 국가 간 어떤 일이 벌어졌는지를 좀 더 구체적으로 살펴보기 위해 프랑스 현지에서 살고 있는 한국인의 경험을 들어보자.[8]

나는 프랑스 동북 지역의 경제의 축인 스트라스부르(Strasbourg)[9]에서 가족과 함께 살고 있었다. 금년 2월 초순까지 코로나19는 아시아에서만 벌어지는 일이라 생각하고 있었다. 하지만 어느 순간 프랑스의 '뮐르즈'라는 도시에서 코로나19가 갑자기 확산되면서 모든 상황이 바뀌었다. 도시에서는 마스크를 비롯한 손소독제 등을 구할 수 없었고 사재기도 간헐적으로 발생하기 시작했다. 원래 유럽 사람은 마스크를 쓰지 않는 편이지만, 밖으로 나올 때는 집에서 손으로 만든 마스크를 쓰거나 목도리로 입을 가리는 모습을 쉽게 볼 수 있었다.

3월 초 갑자기 독일이 국경을 폐쇄했다. 독일보다 확진자가 더 많은 프랑스인의 독일 내 유입을 막기 위한 정책이었다. 스트라스부르는 라인강을 사이에 두고 독일과 바로 경계를 이루고 있다. 강만 건너면 '켈(Kehl)'이라는 도시로 건너갈 수 있다. 그것도 자동차가 아니라 얼마 전에 개통된 전철을 타고 말이다. 독일이 프랑스보다 물가가 싸기 때문에 2~3주에 한 번씩 장을 보러 갔는데, 어느 순간 독일과 프랑스의 국경이 막힌 것이다.

3월 16일 프랑스 정부는 강력한 도시 봉쇄 정책을 시작했다. 코로나19의 확산을 막기 위해서다. 학교, 시청, 은행, 식당 등 거의 모든 장

---

8 스트라스부르에 살고 있는 한국인 가족과의 전화 및 이메일 인터뷰 내용을 요약 정리함.
9 스트라스부르는 프랑스 내 인구 기준 7위, 국제회의 개최 순위는 파리 다음으로 2위인 도시로, 프랑스 동북 지역의 핵심 도시다. 독일과는 라인강을 사이에 두고 있다.

소가 문을 닫았고 집에서도 나오지 못했다. 집에서 나오려면 증명서를 종이에 출력해 몸에 지니고 다녀야만 했다. 다행히 얼마 후부터 스마트폰으로 증명서를 발급받을 수 있어서 좀 더 편해지기는 했다. 만약, 코로나 증세를 느끼더라도 집에서 가정 상비약을 먹고 화상 시스템으로 의사를 만나 상담받는 것이 전부였다. 봉쇄 초기에는 하루하루가 힘들었다. 다행히 시간이 지나면서

지도에서 볼 수 있듯이 라인강을 사이에 놓고 왼쪽이 프랑스의 스트라스부르이고 오른쪽 독일 도시인 켈이 있다.

상황이 조금씩 개선됐고 몸과 마음도 어느 정도 안정을 되찾았다. 독일과의 국경이 폐쇄되고 자유 프랑스에서 도시가 강제로 봉쇄되는 상상도 못할 일을 겪었지만, 한편으로는 보수적인 프랑스가 디지털 기술을 빨리 받아들여 온라인 학습과 스마트폰을 이용한 증명서 발급 등을 실행하는 긍정적인 모습도 볼 수 있었다. 하지만 두 번 다시 겪고 싶지 않은 경험임에 틀림없다.

유럽 국가 사이의 국경은 닫혔고 국가 간 장벽은 계속 강화됐다. 이런 현상은 '하나된 유럽'이라는 이상의 옳고 그름 외에 다양한 경제적 논란을 야기했다. 인적 그리고 물적 이동이 막힘에 따라 기존의 유럽 경제권은 '단일 경제권'에서 다시 '국가 간 경제권역'으로 쪼개졌다. 매일 유럽 상공을 빡빡하게 채우면서 날아다니던 항공기는 자취를 감췄고 아우토반을 지나 전 유럽으로 달리던 자동차의 흐름 역시 멈췄다. 항공 산업, 자동차 산업,

정유 산업 등이 큰 영향을 받았고 무엇보다 관광 산업이 가장 심각한 타격을 받았다.

유럽여행위원회(European Travel Commission)의 2018년 연간 보고서[10]에 따르면, EU에서 관광을 통해 벌어들이는 수익이 전체 EU GDP의 10.1%를 차지하고 EU에서 관광업에 종사하는 사람의 비중은 11.6%, 즉 전체 10명 중 1명 이상이 관광업에 종사한다고 한다. 또한 전 세계 관광업이 전년 대비 5.6% 성장할 때 EU는 6.1% 성장했다. 물론 관광객이 줄어 환경이 좋아졌다는 희소식도 있었지만, 경제적 차원에서 큰 손실을 입게 됐다.

유럽에는 문화와 인종, 정치 체계와 사회 구조가 다른 다수의 국가가 존재하기 때문에 코로나19와 관련된 전염 상황 및 대응 방법 그리고 국민의 반응 등을 한마디로 요약할 수는 없다. 하지만 코로나 팬데믹은 유럽인이 지금까지 당연하다고 생각했던 '자유로운 이동'에 대한 믿음이 얼마나 취약한 토대 위에 놓여 있었는지를 깨닫게 해줬다.

코로나 팬데믹에 나타나는 3단계 반응 유형

한국, 중국, 유럽, 미국 등이 코로나19에 대응하는 모습을 보면 다음과 같은 세 가지 단계의 반응 유형을 확인할 수 있다.

첫 번째는 '분노하고 당황하는 단계'다. 코로나19라는 익숙하지 않은 미지의 바이러스가 등장해 확진자가 증가하고 주변 사람이 사망하기 시작한다. 내일 누가 확진자 대열에 들어설지 아무도 모른다. 심지어 의사와 학자 역시 코로나19에 대해 속시원한 설명을 해주거나 앞으로의 상황을 예측하지 못한다. 오히려 앞뒤가 다르고 서로 상충되는 이론과 설명이 앞다퉈

10   European Travel Commission, Annual Report, 2018

나온다. 마스크를 써야 하는지 말아야 하는지, 쓴다면 KF94를 써야 하는지, 덴탈 마스크도 괜찮은지 등 어느 하나 통일된 정보가 없다. 누가 누구를 믿어야 할지 전혀 알 수 없는 상황이다. 영화 〈컨테이젼(Contagion)〉과 똑같은 상황이 벌어지는 것 같은데, 영화에서처럼 누

2020년 우리의 최우선 과제는 코로나19로부터의 생존이다.

군가가 목숨을 걸고 과감하게 백신을 개발할 것 같지도 않다. 정체를 알 수 없는 존재와의 목숨을 건 싸움은 두렵고 당황스럽고 혼란스럽다.

이런 상황하에서는 어쩔 수 없이 기존 활동을 모두 멈추고 상황을 지켜볼 수밖에 없다. 하지만 앞으로 어떻게 될지 모른다는 막연한 두려움과 불안감이 사재기와 같은 비합리적 활동을 부추긴다. 유럽과 미국에서는 코로나19가 확산하자마자 대규모 사재기가 벌어졌다. 다행히 한국은 지난 2월 코로나가 폭발적으로 확산됐지만, 별다른 사재기 없이 지나갈 수 있었다. 불안감 속에서 시간을 보내면서 앞으로의 상황에 대한 다양한 정보를 듣고 상황을 유추하는 시간을 보내게 되고 무엇보다 자신과 가족 그리고 가까운 공동체의 생존에 가장 높은 가치를 두게 된다.

첫 번째 단계에서는 개인과 기업 모두 동일한 공포심을 갖고 있다. 기업이라는 조직은 결국 개인이 모인 하나의 법인체이기 때문에 소속된 개인의 불안이 극대화되면 조직의 불안감 역시 증가한다. 다만, 기업 또는 조직에는 공식화된 규율과 법규 등이 있기 때문에 개인 대비 감정적인 기복은 상대적으로 적었다.

조직원이 코로나19에 걸릴 수도 있고 거래 기업의 사장이 코로나19에

걸려 납기에 문제가 생길 수도 있다. 일주일 내에 계약 체결을 하기로 했는데, 계약이 무기한 연기되는 경우가 비일비재했다. 그뿐 아니라 기업이 채용하기로 결정한 사람이 코로나에 걸려 출근하기 어렵거나 이와 반대로 채용 결정이 무기한 미뤄지는 경우도 발생했다. 기업이 감내해야 하는 두려움과 당혹감 역시 개인이 겪는 것과 크게 다르지 않았다.

두 번째는 '탐색 단계'다. 최소한 코로나19가 무엇인지 그리고 나와 내 가족에게 어떤 피해를 주는지, 어떻게 하면 피해를 최소화할 수 있을지에 대한 아이디어를 갖게 됐다. 다행히도 보건당국과 의료진 등은 이제 어느 정도 일관된 목소리로 정보를 제공하기 시작한다. 밖에서는 KF94마스크를 쓰고 손소독제를 자주 쓰고 사람이 많이 몰려 있는 곳에 가지 않으면 최소한의 자가방역은 될 것 같다. 슬슬 주변에 누가 감염됐는지, 그들이 어디서 왔는지 등에 대한 믿을 만한 정보도 공개되고 이를 바탕으로 앞으로 나의 활동 반경과 동선을 결정할 수도 있었다. 첫 번째 단계에 비하면 훨씬 좋아진 상황이다. 드디어 생물학적 생존 이외에 다른 것을 고민할 여유가 생기기 시작했다.

첫 번째 단계에서의 키워드가 '생존'이라면 두 번째 단계의 키워드는 '생활'이다. 생존을 위해 모든 것을 미뤄두고 있었지만, 수십 년 동안 누려왔던 생활 방식을 일시에 바꾸는 것은 결코 쉽지 않다. 서서히 예전 삶의 방식으로 돌아갈 수 있는지 알아보기 시작하고 만약 예전 방식으로 돌아갈 수 없다면 어떤 식으로 생활 방식을 바꿀지를 탐색하기 시작했다.

개인은 좀 더 편안하고 익숙한 생활 방식을 탐색하기 시작했고 기업 역시 예전의 사업 방식을 다시 적용할 수 있을지 알아보기 시작했다. 하지만 코로나19는 우리에게 뉴 노멀을 안겨줬고 우리의 삶은 과거와 많은 부분에서 단절될 것이라는 점을 알게 됐다. 개인은 서서히 현재 상황에 익숙해지고 새로운 삶의 방식에 적응하면서 예전의 삶의 방식과 조화를 이루기 시작한다. 즉, 아침에 출근할 때는 마스크를 꼭 챙겨 나가지만, 상대적으로 안전한 곳에 갈 경우 KF94 대신 덴탈 마스크를 선택한다. 그리고 2월 이후 중단했던 저녁 모임을 소규모로 진행할 것이고 화상 시스템을 통해 새로운 모임을 찾을 것이다.

기업 역시 코로나19가 족발한 위기에서 탈출하기 위해 몇 가지 새로운 활동을 도입하고 성과를 모니터링하기 시작할 것이다. 대면 접촉에 기반을 둔 비즈니스는 많은 제약을 받을 수밖에 없다. 회사 내에서의 장시간 미팅이나 외부 고객 미팅 그리고 국가 간 출장이 금지됐기 때문에 화상회의 시스템을 적극적으로 도입하기 시작했고 재택근무를 운영하기도 한다. 하지만 이런 방식은 모두 완벽한 준비 없이 급히 시행됐기 때문에 무수히 많은 시행착오를 겪게 된다. 부서 간 재택근무를 순환시켜보기도 하고 부서 내에서 재택근무를 교대로 실시하는 방안도 테스트해본다. 재택근무용 표준 작업 양식도 만들어보고 카톡 메신저 이외의 다른 협업용 소프트웨어를 검토하기도 한다.

마지막은 '적용 단계'다. 두 번째 단계에서 생활을 영위하기 위해 여러 가지 방법을 탐색했다면, 마지막은 가장 적합한 방법을 선택해 지속적으로 적용하는 단계다.

현재 우리가 겪고 있는 코로나 사태는 언제 어떤 식으로 끝날지 알 수 없다. 따라서 세 번째 단계에서 선택되고 적용되는 방법이 최선인지는 아무도 알 수 없다. 하지만 위기의 시대에서는 뭐라도 선택해 실행하는 것이 아무것도 안 하는 것보다는 낫다.

현재 화상회의를 위해 가장 많이 사용되는 줌(Zoom) 역시 여러 가지 방식을 탐색하다 기업과 소비자의 선택을 받은 플랫폼이라 할 수 있다.

기업은 지속 가능한 경영을 위해 지금까지 테스트한 방식 중 몇 가지를 선정해 앞으로 꾸준히 적용해 나갈 것이다. 앞으로 계속 적용해 나갈 방식은 바로 '비대면 방식의 비즈니스'다.

비대면 방식의 비즈니스가 앞으로 지속될 것이라는 근거는 다음과 같다.

첫 번째는 대면 접촉에 기반을 둔 전통적 비즈니스는 한계를 갖고 있기 때문이다. 대면 접촉 기반의 비즈니스는 앞으로 계속될 것이다. 하지만 세계보건기구(WHO)에서 '코로나19는 우리 사회의 또 다른 전염병이며 앞으로도 결코 사라지지 않을 것'이라고 경고한 것[11]처럼, 코로나19가 언제 종식될지 모르는 상황에서 대면 접촉에 기반을 둔 비즈니스는 항상 위험성을 내포하고 있다.

두 번째는 비대면 방식의 비즈니스가 그 나름의 장점을 갖고 있기 때문이다. 앞에서 살펴봤듯이 삼성그룹의 비대면 방식 필기 시험은 전통적인 집합 방식의 지필고사에 비해 비용 절감 효과가 있다. 줌을 이용한 화상회의 역시 항공권, 호텔 등의 비용뿐 아니라 출장을 가는 도중에 발생하는 시간까지 고려한다면 전통적 출장 대비 효과적이다. 그리고 최근 전국의 초·중·고 학생과 대학생을 대상으로 한 온라인 수업 역시 위기 시에는 효과적으로 작동한다는 것을 확인할 수 있었다.

하지만 지금 언급한 비대면 방식의 새로운 실험은 분명히 서비스 제공자, 즉 기업이나 교육 당국의 입장을 대변한다. 서비스 제공자에게 편리하더라도 서비스를 구매하거나 사용하는 소비자의 입장에서 제대로 받아들여지지 않는다면 비대면 방식의 비즈니스 또는 사업 관행은 한때의 유행으로 끝나고 말 것이다.

---

11 Coronavirus may never go away, World Health Organization warns, BBC News, 2020년 5월 14일

마지막으로 지금까지 계속 언급했던 비대면 방식이란 무엇인지 그리고 언텍트 등과 같은 용어와는 어떤 차이점이 있는지 알아보자.

비대면 방식은 궁극적으로 '비대면 연결'이다

'비대면 방식'은 최근 자주 접할 수 있는 용어다. 코로나19 때문에 사람 간의 직접적인 접촉을 최소화해야 하고 '사회적 거리두기'라는 활동은 한국뿐 아니라 전 세계 모든 나라가 가장 중요하게 여기는 것이 됐다. 이런 상황에서 비대면 방식은 사람 간의 직접적인 접촉을 막는다는 의미뿐 아니라 새로운 비즈니스와 일상생활의 방식으로까지 확장되고 있다.

비대면 방식이라는 용어는 상당히 광범위한 영역의 활동 및 개념을 지니고 있다. 특히 최근 언텍트 등과 같은 신조어로 사용됨에 따라 비대면 방식이라는 용어는 더욱 혼란스럽게 인식되고 있다.

개념적으로 본다면 '비대면 방식'의 핵심은 글자 그대로 '얼굴을 직접 접하지 않는다(非對面)'는 것이다. 비대면을 할 수 있는 가장 확실한 방법은 같은 공간 안에 있지 않는 것이다. 같은 회사 건물에 있더라도 서로 다른 회의실에서 화상 또는 메신저로 회의를 한다면 비대면 회의를 하는 것이다. 따라서 비대면 방식은 상대방과의 공간적 개념과 거리적 개념을 동시에 포함하고 있다.

무인점포 역시 비대면 방식의 비즈니스 형태다. 무인점포 운영자는 매장에 상주하거나 직원을 고용해 매장 내에서 직접 고객을 응대할 필요가 없기 때문이다. BTS, 슈퍼주니어 등이 최근에 도입한 온라인 콘서트 역시 비대면 방식이다.[12] 아티스트와 팬이 같은 장소에서 호흡을 같이 하며 음악을

12 BTS · 슈퍼주니어 온라인 콘서트, 세계가 '미래의 공연' 미리 봤다. 중앙일보, 6월 16일

즐기지는 않지만, 최신 IT 기술을 통해 공연장의 생생함을 느낄 수 있다.

비대면 방식은 비록 당사자가 다른 공간에 있다는 점을 일차적으로 고려하지만, 개념을 좀 더 확장한다면 같은 공간에 있더라도 서로 직접 접촉하지 않고 업무를 수행할 수 있다면, 이 역시 '비대면 방식'이라 할 수 있다. 예를 들어, 맥도날드에서 빅맥 세트를 주문할 때 무인 키오스크를 통해 주문하고 결제까지 한 번에 해결한다면 맥도날드를 비대면 방식으로 이용한 것이다. 비대면 방식에서 중요한 점은 사람, 즉 직원 또는 관리자 등의 참여를 최소화할 수 있다는 점이다.

결국 비대면 방식은 '비대면 연결(Contactless Connectivity)'이라고 표현하는 것이 가장 정확하다. 비대면 방식의 활동은 모두 직접적인 접촉과 대면 활동을 최소화하지만, 그렇다고 해서 상호간의 연결성을 부정하는 것은 아니다. 오히려 비대면 상황에서의 상호간 효율적인 연결이 진행되는 방향으로 발전하고 있다.

비대면 방식이 서로 직접적인 접촉이 없으면서도 강한 연결성을 동시에 갖기 위해서는 무엇보다 디지털 기술과 IT 기술을 적극적으로 활용해야 한다. IT 및 디지털 기술을 효과적으로 활용하면 공간적 제약뿐 아니라 시간적 제약까지 극복할 수 있다.

반면, 최근에 많이 볼 수 있는 '언택트(Untact)' 또는 '언컨택트(Uncontact)' 등의 단어는 비대면 방식과는 비슷하지만, 조금 다른 의미를 지니고 있다. 우선 단어의 뜻을 명확히 알아보자. 언택트 또는 언컨택트는 '접촉하다.'라는 영어의 컨택트(Contact)에 반대 의미를 나타내는 접두사 'Un'을 붙여 '접촉하지 않다.'라는 의미를 부여하고 있다. 언택트 또는 언컨택트 등은 표준 영어 단어가 아니다. 컨택트의 반대 단어로 등록된 단어는

noncontact[13]이며 contactless 등의 단어도 사용된다.

중요한 점은 언택트 또는 언컨택트 등의 단어의 어원이 아니라 사회에서 어떤 개념으로 인식되는지를 파악하는 것이다. 언택트 또는 언컨택트 등의 단어는 '비접촉 (非接觸)'의 의미를 지니고 있으며 '비대면 방식'이 갖고 있는 공간적 개념 대신 접촉이라는 물리적 활동을 핵심 개념으로 한다. 따라서 언택트 또는 언컨택트 등의 개념은 같은 공간과 근접한 거리에 있더라도 물리적으로 접촉하지 않는다면 언택트 또는 언컨택트한 상황이 만들어진다. 당연히 다른 공간에 있다면 물리적 접촉이 원천적으로 불가능하므로 비대면이 되는 순간 비접촉, 즉 언택트 또는 언컨택트가 자동으로 이뤄진다.

비대면 방식 또는 언택트 등의 용어와 같이 흔히 볼 수 있는 단어는 '사회적 거리두기'다. 사회적 거리두기는 특히 방역 활동과 연계돼 한국뿐 아니라 세계적으로 가장 중요한 활동이다. 사회적 거리두기는 사회학에서 말하는 '사회적 거리(Social Distance)'와 종종 혼동될 수 있다. 사회적 거리가 인종, 성별, 문화적 특성을 고려해 물리적 또는 인식적으로 상호 어느 정도 거리감을 느끼는지를 파악하는 개념이라면, 사회적 거리두기는 '상호간의 실질적인 물리적 거리'를 말한다. 일반적으로 사회적 거리두기에서 권장되는 거리는 약 2m 정도다. 사회적 거리두기가 사람 간의 안전 거리를 강조하는 개념이므로 사회적 거리두기는 본질적으로 언택트 또는 언컨택트 등과 같은 '비접촉'의 개념이다. 다만 사회적 거리두기는 방역 차원에서의 사람 간 거리 유지가 핵심이므로 다양한 활동과 연계되는 언택트 또는 언컨택트 등의 비접촉 활동에 사용할 수 없다.

비대면 방식과 언택트를 비교할 때 '비대면'이 이뤄지면 언택트는 자동

13 Merriam–Webster Dictionary, Oxford Dictionary

으로 달성된다. 코로나 팬데믹 이후 대부분의 기업은 재택근무 또는 원격 근무를 진행하면서 코로나19 감염의 리스크를 최소화하려고 노력 중이다. 온라인 수업 또는 인터넷 강의 역시 같은 공간, 즉 교실이나 강의실에 함께 모여 있는 대신, 집에서 수업을 들을 수 있도록 했다. 이러한 활동은 모두 공간적 제약을 뛰어넘기 위한 노력이며 언택트의 개념보다 오히려 공간의 개념을 내포한 비대면 방식이라는 용어로 설명하는 것이 더 바람직하다.

이 책에서는 접촉이라는 물리적 특성에서 파생된 '언택트' 또는 '언컨택트'라는 용어 대신 좀 더 포괄적인 의미를 지닌 '비대면 방식'이라는 용어를 사용한다. 비대면 연결이라는 표현이 개념적으로 좀 더 합당하지만 표현의 용이함을 고려해 비대면 방식이라는 용어를 통일해 사용한다. 또한 이 책에서는 비대면 비즈니스, 비대면 마케팅, 비대면 교육 등과 같은 방식으로 향후 계속 등장할 일상생활과 비즈니스 기회를 설명한다.

코로나19는 어느날 갑자기 우리 사회에 나타났고 우리는 최선을 다해 코로나 팬데믹하에서 생존하기 위해 노력하고 있다. 그리고 이제는 생존을 넘어 좀 더 적극적으로 변화된 환경 속에서 생존하고 다시 새롭게 생활하기 위해 노력 중이다.

비대면 방식의 일상생활과 비즈니스 활동은 이러한 노력의 결과이자, 앞으로 우리가 계속 경험해야 하는 새로운 모습이다. 코로나19, 비대면 비즈니스, 비대면 교육 등 새로운 용어와 활동이 계속 등장하지만, 이들의 본질을 살펴보면 왠지 모를 기시감을 느낄 수 있다. 매우 낯설지만 어딘지 모르는 익숙함을 찾아볼 수 있다.

2장에서는 우리가 느끼는 이러한 낯설지만 익숙한 감정이 어디서 비롯됐는지 살펴본다. 그리고 이들 비대면 방식이 앞으로 우리 사회에서 정착할 수 있을지 알아볼 것이다.

02장

낯설지만 익숙한 비대면 활동

1348년 이탈리아에서 생긴 일

"그들은 끼리끼리 무리를 지어 은둔 생활을 했습니다. 환자가 없는 집안에 틀어박혀 절제된 태도로 정갈한 음식을 먹고 고급 포도주를 마시며 다른 사람과의 접촉을 끊고 외부의 일이나 죽은 사람이나 병에 걸린 사람 일을 깨끗이 잊은 채, 저희끼리 재미있는 이야기를 나누고 악기를 연주하는 등 할 수 있는 모든 일을 즐기며 살았던 것입니다."[14]

지금 읽은 누군가의 모습이 왠지 익숙하지 않은가? 코로나19 때문에 사회적 거리두기를 하면서 비대면 방식으로 업무를 처리하고 집에서 자발적

---

14 조반니 보카치오 저, 박상진 옮김, 《데카메론》, 민음사, 25쪽

1492년에 인쇄된 《데카메론》에 실린 삽화 이미지

으로 격리 생활을 하고 있는 우리의 현재 모습을 다소 우아하게 표현한 것처럼 보인다. '은둔'이라는 말은 왠지 '격리'보다 깊이가 있어 보이고 자신의 의지로 조용히 어딘가로 물러나 있다는 느낌이 든다. '다른 사람과의 접촉을 끊고'라는 표현은 '비대면 방식을 이용해 사람을 직접 만나지 않고'라고 해석할 수도 있다.

위는 1348년 이탈리아 피렌체에서 창궐한 흑사병을 경험한 조반니 보카치오(Giovanni Boccaccio)가 저술한 《데카메론(Decameron)》[15]의 '첫 번째 날'에 실린 내용이다. 피렌체에 퍼진 흑사병의 참혹함을 생생히 묘사한 후 살아남은 사람이 흑사병에 어떻게 대응했는지를 묘사하고 있다. 흑사병에 대한 공포 때문에 모든 것을 포기하고 망가진 삶을 선택한 사람도 있었지만, 위에 묘사된 것처럼 다른 사람과 멀리 떨어져 안전한 삶의 기회를 선택한 사람도 있었다.

《데카메론》을 쓴 보카치오는 흑사병이라는 유래 없는 대재앙을 직접 경험하면서 문학의 주제를 '신의 세계'에서 '사람의 세계'로 전환했다. 시대와 문학의 주제는 변했지만, 전염병으로부터 살아남고자 하는 인간의 본능은 변하지 않았다. 하지만 14세기 중엽의 의학 수준으로는 살아남기 위해

15 《데카메론》은 1348년 이탈리아에 퍼진 흑사병을 피해 교외의 별장으로 피난을 간 7명의 귀족 부인과 3명의 귀족 남성이 10일 동안 서로 돌아가면서 이야기한 내용을 모은 책이다. 단테의 《신곡(神曲)》에 비교되며 '인곡(人曲)'이라고도 불린다.

교외로 피신하는 것 외에는 달리 방법이 없었을 것이다.

현재 코로나19를 겪고 있는 우리는 과거에 비해 바이러스에 대해 더 많이 알고 있지만, 현실적으로 지금 선택할 수 있는 최선의 방법은 코로나19로부터 가능한 한 멀리 떨어져 있는 것이며 사람의 접촉을 최소화하는 비대면 방식을 택하는 것이다. 그리고 이러한 방식은 《데카메론》이 쓰인 14세기 중엽에도 일상적으로 사용되던 방식이었다.

우리가 현재 많이 논의하는 '비대면 방식'의 라이프 스타일과 비즈니스 방식에 알 수 없는 기시감과 친근감을 느끼는 이유는 비대면 방식이 이미 오랫동안 인류와 함께 해왔기 때문이다. 단지, 최근 비대면을 활용하는 도구와 방법이 다양하게 발전했기 때문에 익숙하지만 낯설게 느껴지는 것이다.

이미 우리 곁에 있었던 비대면 활동

코로나19 때문에 우리가 가장 많이 듣게 된 용어는 '사회적 거리두기'일 것이다. 사회적 거리두기의 핵심은 사람 간 거리를 약 2m 정도로 유지하면서 접촉을 최소화하는 것이다. 그리고 여기서 더 나아가 아예 사람을 마주하지 않고 사회생활을 하자는 비대면 방식은 극단적인 사회적 거리두기의 한 형태다.

불과 몇 년 전까지만 하더라도 익숙치 않았던 비대면 방식은 인터넷과 IT 기술의 발달로 한국뿐 아니라 전 세계에서 빠르게 자리잡아가고 있다. 비대면 방식 관련된 활동을 소개하는 뉴스를 보면, 비대면 방식을 가능하게 해주는 IT 기술과 디지털 솔루션을 제일 먼저 소개하고 있기 때문에 마치 최첨단 기술이 없으면 비대면 방식의 활동은 불가능할 것 같다는 생각

폴리콤 통신 기기는 최근까지 기업 내 원격 회의를 위한 대표적인 장비였다.

도 든다. 줌, 구글 행아웃(Google Hangout), 마이크로소프트 팀즈(Microsoft Teams) 등과 같은 화상회의나 협업 툴 등을 활용한 비대면 방식 활동은 분명히 대부분의 사람에게는 낯설다. 하지만 이러한 비대면 방식을 가능하게 해주는 기술적 측면을 한꺼풀 벗겨내고 그 안의 본질을 다시 살펴보면 최근 일상에서 자주 쓰이기 시작하는 비대면 활동은 오히려 익숙하다는 생각이 든다.

원격 커뮤니케이션 시스템은 오래전부터 존재했다. 줌이 없다면 비대면 방식을 통한 회의나 수업이 불가능할 것처럼 호들갑을 떨고 있지만, 불과 몇 년 전까지만 하더라도 '스카이프(Skype)'라는 플랫폼이 유행했다. 기업에서는 '폴리콤(Polycom)'에서 나온 시스템으로 해외 법인 또는 고객과 화상회의를 진행했다. 필자도 1990년대 말부터 해외 오피스와 폴리콤 시스템으로 컨퍼런스 콜을 줄곧 해왔다. 인터넷 쇼핑도 마찬가지다. 마켓컬리 또는 쓱(SSG) 배송처럼 새벽 배송 또는 인터넷 통한 생필품 주문 및 배송 역시 코로나 때문에 크게 부각되고 있지만, 인터넷 쇼핑 및 당일 배송과 같은 서비스는 우리 주변에서 이미 오랫동안 있어 왔다.

2장에서는 비대면 방식이 2020년 갑자기 세상에 등장한 것이 아니라 과거부터 지속적으로 발전해온 현상이라는 점을 알아본다. 그리고 비대면 방식이 과연 우리에게 적합한 현상인지를 인간의 본성과 연계해 살펴본다. 마지막으로는 비대면 방식을 이해하고 미래를 예측하기 위한 선결 조건을 살펴볼 것이다.

검은색 새부리 마스크를 착용한 의사의 정체

만약 어두운 밤 낯선 사람이 누군가의 집 앞에서 문을 두드리는 모습을 보면 어떨까? 그 사람은 머리에서 발끝까지 검은색의 가죽옷을 입고 있고 손에도 검은색 장갑을 끼고 있다. 손끝에는 가늘지만 길쭉한 검은색 지팡이를 들고 있다. 문을 두드리다 말고 갑자기 뒤로 돌아 당신을 쳐다본다. 얼굴이 있어야 하는 자리에는 마치 새처럼 길쭉하고 검은색 부리가 돋아 있고 눈이 있어야

전신을 검은색 옷과 새부리 마스크로 감싼 '역병 의사'의 모습

할 자리에는 검은색 렌즈 2개가 놓여 있다. 사람인지 또는 저승사자인지 알 수 없는 존재를 실제로 본다면 누구라도 두려움에 떨 것이다.

위 이미지는 최근까지 다양한 장르, 특히 공포영화와 판타지에서 종종 볼 수 있을 것이다. 지옥에서 온 사자나 미래에서 온 마법사처럼 보이기도 한다. 독특한 외모와 상상력을 발휘하게 하는 모습 때문에 실제 애니메이션의 주인공이 되기도 했다. 애니메이션은 마스크를 쓴 사람을 지칭하는 이름을 제목으로 하고 있는데, 그 제목은 바로 '역병 의사(Plague Doctor)'다.[16]

'역병 의사'라는 이름 대로 새부리의 마스크를 쓴 검은색 옷을 입은 사람은 중세에 실제로 있었다. 이들은 주로 흑사병, 천연두 등과 같은 전염

16 The Plague Doctor, 2012, 유튜브에서 찾아볼 수 있다.

역병 의사의 마스크는 현재와 같은 마스크와 보호 장비로 진화했다.

병을 전문적으로 치료하던 의사였고 시간이 지날수록 전염병에 대한 높은 지식과 경험을 갖게 됐다. 특유의 새부리 마스크 역시 전염병 관련 지식의 산물이자, 일종의 사회적 거리두기를 위한 도구다.

'역병 의사'의 독특한 의복과 장비는 17세기 초 프랑스 의사인 찰스 드 로름(Charles de Lorme)이 고안했다고 알려져 있다.[17] 전신을 감싼 검은 옷과 모자 그리고 장갑은 왁스로 코팅한 가죽으로 만들었고 의사 자신의 피부 노출을 최소화할 수 있도록 했다. 새부리 마스크는 그 당시 최고의 기능성 장비였다. 뾰족하게 튀어나온 새부리 속에는 악취를 막아주고 공기를 맑게 해주는 약초를 채워 넣었고 눈에도 렌즈를 끼워 전염병 환자의 비말을 차단했다. 무엇보다 손에 들고 다니는 길다란 막대기를 활용해 환자와의 거리를 유지하면서 진료할 수 있도록 했다. 한마디로 17세기의 역병 의사는 21세기의 의사처럼 나름대로 언컨택트 기반의 의료 행위를 했던 것이다.

역병 의사가 낯설다면, 한국인에게 좀 더 친숙한 과거의 비대면 방식의 진료도 있다. 바로 왕비 또는 양반 집안 여성의 손목에 명주실을 묶고 명주실의 떨림으로 진맥하는 방식이다.[18] 사극에 등장하는 어의는 문 밖에서

---

17 https://en.wikipedia.org/wiki/Plague_doctor_costume
18 《재미있는 한방 이야기》, 명주실 진맥, 그야말로 드라마, 동아일보, 2003년 1월 26일

비대면 비즈니스 트렌드

손목에 연결된 명주실의 떨림을 통해 임신 여부, 병의 상태 등을 파악했는데, 실제 사용 여부와는 상관없이 사극에서 드라마적 효과를 위해 종종 등장하곤 했다. 냉수실 진맥이 진짜 존재했다면 현대의 원격진료를 뛰어넘는 비대면 방식 진료의 선구일 것이다.

'검역'을 의미하는 영어 단어 'quarantine'은 14세기 드브로니크에서 유래했다.

역병 의사의 복장은 의사가 본인의 안전을 위해 어떻게 비대면 진료를 했는지를 잘 보여주며 명주실 진맥 장면은 그 시대의 사회·문화적 관점이 반영된 비대면 진료 방식을 보여주고 있다. 어떤 경우든 비대면 방식이라는 표현이 낯설어서 그렇지, 의료 분야에서 비대면 방식의 도입은 이미 우리가 익숙하게 알고 있는 개념이다.

코로나19 관련해 최근 자주 들을 수 있는 또 다른 단어는 바로 '검역'이다. 해외에서 들어오는 사람과 물품은 국경에서 검역을 거치게 되는데, 코로나19 때문에 철저한 검역이 무엇보다 중요하다. 차갑고 관료적인 단어인 '검역' 역시 오래전 전염병과 관련된 활동에서 유래했다.

검역을 의미하는 영어 단어는 'quarantine'인데, 이 단어의 기원은 14세기까지 거슬러 올라간다. 현재 크로아티아(Croatia)의 도시인 드브로니크(Dubrovnik)는 13세기에서 14세기 중반까지 이탈리아 베니스의 지배를 받고 있었다. 14세 중엽 흑사병이 돌기 시작하자, 드브로니크는 항구에 도착한 모든 배와 사람은 도심으로 들어오기 전에 40일 동안 격리된다고 선포했다. '40일'을 가리키는 이탈리아어인 'quaranta giorni'가 현재 검역을 의미하는 'quarantine'의 기원이 된 것이다.[19] 이처럼 '검역'과 같이 최근 우리에게 갑자기 다가온 단어 역시 알고 보면 이미 수 세기 전부터 우리 주변에 있었던 현상에서 비롯됐다.

1990년대 스타크래프트가 우리에게 남긴 유산

오락과 관련된 영역에서의 비대면 방식은 훨씬 오래전부터 우리 곁에 있었다. 1990년대부터 큰 인기를 끌었던 게임인 스타크래프트(Starcraft)는 장소에 상관없이 온라인에서 함께 게임을 즐길 수 있었다. 같은 PC방 옆자리에 앉아 게임에 접속하든 지구 반대편에 있든 상관없다. 단지 같은 시간에 접속해 있다면 얼굴 한 번 못 본 사람과 게임을 할 수 있는 시스템이다. 최근에는 리그오브레전드(LoL, League of Legends) 등과 같은 게임이 그 뒤를 잇고 있다.

우리에게 친숙한 또 다른 비대면 방식은 '온라인 쇼핑'이다. 사실 온라인 쇼핑 역시 우리 주변에 오랫동안 있어 왔다. 우리는 이미 11번가, 인터파크, G마켓 등 다양한 인터넷 쇼핑 사이트를 오랫동안 이용해왔고 최근에는 마켓컬리, 쿠팡, 이마트몰 등의 새로운 쇼핑 사이트를 이용하고 있다. 10여 년 전부터 다양한 물건을 인터넷에서 구입해 집으로 또는 회사로 물건을 배달받아왔고 몇 년 전에는 해외 직구가 폭발적으로 증가해, 미국 블랙프라이데이(Black Friday) 시즌 동안 많은 한국 사람이 미국 온라인 쇼핑 사이트를 이용해 직접 주문하고 있다.

최근에는 당일 배송, 새벽 배송, 신선식품 배송 등 좀 더 다양한 온라인

---

19 The word 'Quarantine' comes from the Italian word 'Forty Days', McGill University, 2020년 2월 6일

서비스가 등장하고 있다. 특히 마켓컬리, 쿠팡이츠, SSG 배송 등 여러 기업이 적극적으로 광고 및 프로모션을 하는 것을 볼 수 있다. 비록 이들 이커머스 기업의 성장세가 눈에 띄지만, 이들은 코로나 팬데믹이라는 시기를 적절히 활용해 자신의 브랜드 위상을 강화하고 있는 것일 뿐, 비대면 상황을 맞아 갑자기 등장한 것이 아니다. 따라서 우리들이 마켓컬리 등에서 제품을 온라인으로 주문할 때, "와, 이런 제품도 팔아?" 또는 "와! 이렇게 빨리 배송할 수 있어?"라고 놀랄 수는 있지만, 더 이상 "인터넷으로 제품도 안 보고 물건을 주문해? 믿을 수 있어?"와 같은 반응은 더 이상 보이지 않는 것이다.

음식 배송 서비스 역시 마찬가지다. 불과 얼마 전까지만 하더라도 배달음식이고 하면 중국집 말고는 딱히 없었다. 하지만 이미 오래전부터 '배달의민족'을 비롯한 다양한 배달서비스 앱이 있었다.[20] 심지어 맥도날드 역시 2007년부터 '맥딜리버리(McDelivery)'라는 배달 서비스를 시행했다. 그리고 이러한 배달 서비스는 코로나19가 나타나기 오래전부터 우리 주변에 있어 왔다.

온라인 클래스의 원조인 '라디오 통신 교육'

교육이야말로 비대면 방식과 관련해 최근 가장 민감한 영역일 것이다. 코로나 때문에 2020년 상반기에는 유치원생, 초 · 중 · 고생 그리고 대학생 모두 학교에 가지 못하고 온라인으로 온라인 클래스(온클) 또는 사이버 강의(사강)를 들을 수밖에 없었다. 물론 다수의 학원은 정부의 규제하에 학원

---

20 배달의 민족은 2010년 사업을 시작했고 현재 배달의 민족 외에 요기요, 배달통, 쿠팡이츠, 배달의명수 등 다양한 배달 앱이 있다.

을 열고 학생을 받기는 했다. 하지만 온클 또는 사강을 통해 집에서 수업을 듣는 학생 또는 취업 준비생의 모습만큼 비대면 방식을 잘 보여주는 장면은 없다.

하지만 교육에서 비대면 방식을 위한 시도는 지금까지 없었을까? 전국적 규모의 화상회의 시스템을 적용했다는 것을 제외한다면, 비대면 방식을 활용한 교육은 오랫동안 꾸준히 지속돼왔고 우리나라는 실제로 이 분야에서 글로벌 선두 국가다. 과거 우편과 통신을 이용한 통신 교육에서부터 1970~1980년대에 유행했던 강의 테이프,[21] 메가스터디와 같은 거대 학원이 탄생할 수 있었던 입시용 인강 그리고 공인중개사와 같은 자격증 시험을 위한 인강에 이르기까지 2000년대부터 꾸준히 우리 주변에서 있어 왔다. 고시원 또는 독서실에서 노트북 또는 태블릿으로 인강을 보는 학생의 모습은 흔한 모습이었다.

다만, 현재 교육에서의 비대면 방식은 과거 인강의 형태와 규모 그리고 적용 범위와는 큰 차이점을 갖고 있다. 무엇보다 비대면 방식을 활용한 교육이 하나의 플랫폼으로 통합되고 이를 활용해 공식적인 시험까지 치를 수 있도록 진화하고 있는 것이다. 하지만 비대면 방식을 활용한 교육은 개인의 교육 접근성을 향상시키고 가성비 있는 교육 콘텐츠를 제공해야 한다는 교육의 핵심적 가치를 그대로 전달하고 있다.

---

21 유명 고등학교 교사 또는 학원 강사의 실시간 수업을 녹화하거나 스튜디오에서 수업을 녹음한 후 교재와 함께 판매하는 방식

2017년 야후가 촉발한 재택근무 논쟁

2017년은 재택근무[22]와 관련해 주목할 만한 해다. 긍정적인 일보다는 부정적 사건이 더 많다는 점이 문제지만 말이다. 2017년 한해 동안 다수의 기업이 그동안 시행해왔던 재택근무 방침을 철회하고 집에서 일하던 직원을 다시 사무실로 불러들였다. 야후(Yahoo), 뱅크오브아메리카(Bank of America) 그리고 IBM 등도 재택근무 방침을 철회했다.[23] 특히 야후가 재택근무 방침을 철회했다는 뉴스는 큰 충격을 줬다. 야후의 CEO로 재직 중이던 마리사 메이어(Marissa Mayer)는 구글의 초기 맴버로 누구보다도 실리콘밸리와 IT 기업의 생리를 잘 이해하고 있다고 생각했기 때문이다. 그리고 자유로운 재택근무는 실리콘밸리를 오랫동안 상징하는 근무 형태였다.

재택근무는 생각보다 훨씬 오래된 역사를 갖고 있다. 재택근무의 영어 표현 중 하나인 'Telecommuting'에서 알 수 있듯이 전화기가 나온 이후부터 일정 수준의 재택근무가 가능해졌다. 급한 일이 있으면 집에서 전화로 업무를 처리할 수 있기 때문이다. 5장에서 좀 더 자세히 설명하겠지만, 재택근무는 1970년대 글로벌 경제 위기하에 사무실 비용 절감 차원에서 논의가 시작됐고 IBM 등 컴퓨터 공학이 급속히 발전하면서 논의가 가속화됐다.

1980년대에 들어 본격적인 재택근무가 등장했다. 컴퓨터와 관련된 업무를 수행하는 프리랜서가 등장하면서 회사와 계약을 맺고 프로그램 코드를 짜거나 제품을 설계하는 등의 업무를 집에서 처리했다. 2000년대 초반 재택근무는 기업이 주도적으로 도입하기 시작했다. 특히 테크놀로지 기업

---

22 재택근무는 흔히 '원격근무'라고도 한다. 영어로는 Telecommuting, Work form home, Remote work, Flexible workplace 등 다양한 표현이 쓰인다.
23 Why are big companies calling their remote workers back to the office?, NBC News, 2017년 7월 28일

재택근무는 1980년대 워라밸을 추구하던 프리랜서 프로그래머들이 적극적으로 도입하기 시작했다.

은 '언제 어디서든(anytime, anywhere)'이라는 구호 아래 재택근무를 적극적으로 도입했다. 2000년대 인터넷이 폭발적으로 확산되면서 재택근무는 마치 IT 기업의 상징처럼 여겨지기도 했다.[24]

코로나19 때문에 최근 전 세계적으로 급격히 확산된 재택근무는 이처럼 약 40년 이상의 역사를 지니고 있다. 재택근무와 관련된 다양한 실험이 이미 진행됐고 재택근무의 장단점 역시 인사 및 조직관리 분야에서 많은 연구가 진행돼왔다. 재택근무를 갑자기 실행하더라도 어느 정도 성공과 실패를 예측할 수도 있었다.

최근 코로나19 때문에 재택근무를 갑자기 시행하게 된 사무직 직원 역시 재택근무가 무엇인지는 알고 있었다. 궁금한 점이 있으면 인터넷을 통해 어떻게 재택근무를 해야 본인에게 편리한지 찾아볼 수도 있었다. 하지만 막연히 알고 있는 것과 직접 몸으로 실천하는 것은 무척 다른 일이다. '집에서 일한다.'는 의미의 재택근무는 단순히 개념만 생각하면 어렵지 않지만, 막상 집에서 실천하려면 결코 쉽지 않다. 먼저 일할 공간을 마련하고

24 Three elements for successful virtual working, MIT Sloan Management Review, 2020년 4월 6일

일하는 시간과 개인 시간을 분리해야 하며 자신을 찾는 가족과 반려견을 피해야 하는 등 익숙하지 않은 활동을 할 수밖에 없다. 즉, 머리로는 이해하지만, 몸은 따라가지 않는 상황이다.

이러한 문제는 2020년에도 찾아볼 수 있다. 이미 수십 년 동안 재택근무와 관련된 여러 가지 실험을 해봤기 때문에 좀 더 좋은 해결책을 찾을 수도 있을 것이다. 다만, 이제는 IT 기업이 아닌 일반 제조업에도 적용해야 하므로 힘들고 낯설 뿐이다.

새로운 트렌드로 자리잡은 비대면 활동

전신 방호복을 입고 환자와의 대면 접촉을 최소화하는 현장 의료진 또는 전화를 통해 원격진료[25]를 하는 의료진은 어떻게 보면 서양 중세 시대 역병 의사의 후예이거나 아니면 조선시대에 명주실로 진맥을 했던 어의의 후예일 것이다.

또한 우리가 아침에 현관문을 열고 새벽에 배송된 신선한 채소와 계란 등을 활용해 건강한 식사를 준비할 수 있는 것은 1990년대 후반부터 지속적으로 발전해온 온라인 쇼핑과 배송 및 물류 시스템의 혁신 덕분이다. 이와 마찬가지로 교육 역시 기존의 교육 방송과 다양한 인강이 디지털 기술의 적극적 도입을 통해 플랫폼 형태로 진화하고 있다.

어떤 면에서 2020년 현재 우리가 비대면 방식이라고 말하는 모든 것, 즉, 의료 서비스, 쇼핑과 배송, 학습과 업무 방식, 오락 그리고 재택근무와 같은 원격근무 방식은 예전부터 존재해왔다. 그렇기 때문에 언론과 전문가

---

25 2020년 2월 24일부터 한시적으로 정부가 의사와 환자 간 전화 상담만으로도 약 처방이 가능하도록 했음.

들이 비대면 방식 또는 언택트, 언콘택트 등의 다양한 용어를 동원해 코로나 팬데믹이 촉발한 모습을 낯설게 묘사하지만, 우리에게는 너무나 익숙하다. 낯설지만 익숙한 느낌, 이것이 바로 비대면 방식을 대하는 우리의 마음인 것이다.

하지만 지금의 비대면 방식과 과거부터 존속해왔던 비대면 방식 간의 차이점은 있다. 바로 '연결성(Connectivity)의 강도'다. 예전에 있었던 비대면 방식의 활동, 예를 들어 통신 교육이나 인강은 강의하는 강사와 학생 사이에서 밀접한 교류 또는 정보 공유를 기대하지 않았다. 서로 얼굴을 보지 않고 수업을 진행하는 만큼 직접적인 피드백 역시 없었다. 하지만 지금 2020년의 비대면 방식의 활동은 훨씬 심도 깊은 연결성을 갖고 있다. 똑같은 인터넷 강의라도 이제는 거의 실시간으로 질문을 하거나 토의가 가능하다. 인터넷 쇼핑 역시 마찬가지다. 처음 인터넷 쇼핑이 등장했을 때는 인터넷망이 연결된 컴퓨터를 이용해야만 인터넷으로 물건을 구입할 수 있었다. 하지만 지금은 모바일을 이용해 언제 어디서든 인터넷 쇼핑몰에 접속해 물건을 구입할 수 있다. 이처럼 현재의 비대면 방식은 동일한 비대면 접촉이 이뤄지지만, 상호 연결성은 과거와는 비교할 수 없을 만큼 강화됐다.

과거 경험으로부터 배우는 트렌드 정착 사례

비대면 방식의 활동이 오랫동안 우리 주변에 있었고 코로나 팬데믹을 맞아 지금 당장 필요한 활동이라고 해서 비대면 방식이 향후에도 지속적으로 발전하고 우리 사회에 안착될 수 있을까? 비대면 방식이 분명 우리의 일상생활 속에 이미 녹아 있지만, 여전히 우리는 비대면 방식이라는 단어와 실제 적용 방식이 낯설다. 밀레니얼 세대와 Z 세대[26]는 적응에 문제가 없어 보이지만, 우리 사회는 수만 년 동안 대면 접촉을 제일 중요한 생활 방식으로 여겨왔고 사회의 많은 시스템은 대면 접촉을 근간으로 만들어져 있다.

비대면 방식이 앞으로 우리의 일상생활에 안착되고 우리의 의식주 생활 전반에 어떤 영향을 미칠지 파악하려면 무엇보다 인간의 본성과 사회 시스템 그리고 전반적인 사회·문화적 방향성이 비대면 방식 현상과 일치하는지를 살펴봐야 한다. 만약, 사회 시스템과 우리의 본성이 비대면 방식을 단지 코로나19에서 살아남기 위한 한시적 수단으로만 받아들인다면, 2020년 상반기에 등장한 비대면 방식의 활동들은 단지 하나의 해프닝으로 끝날 것이다.

또한 현재 사회적 인프라, 특히 기술적 측면에서 비대면 방식의 활동이나 시스템이 적용 가능한지를 살펴봐야 한다. 아무리 비대면 활동이 필요하더라도 이를 뒷받침할 수 있는 기술적 인프라가 부족하면 당장 적용할 수 없기 때문이다.

비대면 방식이 우리 사회에 지속 가능한 방식인지 알아보기 위해 우선 과거에 등장했던 몇 가지 유형을 살펴보자. 이들은 크게 두 가지로 나눌 수 있다. 첫 번째 유형은 우리 사회의 문화적 수용도에 따라 새로 시작된 사회적 트렌드가 정착되거나 실패한 경우이고 두 번째 유형은 기술 및 사회 인프라에 따라 캠페인의 안착 여부가 결정되는 경우다.

---

26   세대 구분은 보는 관점에 따라 다양한 시각차가 있지만, 여기서는 밀레니얼 세대는 1980년에서 1990년대 중반에 태어난 세대, Z세대는 1990년대 중반에서 2000년대 초반에 태어난 세대를 지칭한다.

유형 A. 사회적 수용도에 따른 트렌드의 정착 여부

사례 1. 의도는 좋았지만 사회가 받아들이지 않은 경우

2007년 전라남도에서는 '음식문화 개선 원년'을 선포하고 집게를 이용해 반찬 등을 덜어먹는 활동을 시작했다.[27] 한식의 가장 큰 미덕인 풍요로운 반찬 인심과 반찬가짓수 등은 오히려 음식낭비와 잔반 문제, 건강 문제 등을 초래할 수 있기 때문이다. 이와 비슷한 활동은 또 있었다. 2009년 한국음식업중앙회에서 음식문화 개선 캠페인의 일환으로 '남은 음식 제로 운동'을 시작했다. 활동에 참여한 식당이나 손님은 모두 반찬통에서 개인이 반찬을 꺼내 먹는 것이 다소 번거롭지만, 환경 및 위생, 경제성에서 큰 장점이 있다고 칭찬했다.[28] 하지만 우리는 결과를 보지 않더라도 이러한 캠페인이 실패했다는 것을 알고 있다.

다시 기사를 확인해보자. 2010년 8월 기사에 따르면 전남도는 2007년 이후 음식문화 개선 활동을 펼쳐왔지만, 대부분의 식당과 이용자들이 기존 방식을 고수했다고 한다. 식당은 개인용 찬기 세트를 새로 구입하는 부담이 있었고 이용자는 넉넉하게 나오는 남도 음식 대신 4~6종의 반찬을 개인 그릇에 담아먹는 방식을 선호하지 않았기 때문이다.[29]

반찬통에서 본인이 먹을 만큼만 꺼내 먹는 것이 음식 낭비를 막고 위생상 좋다는 것을 이성적으로는 알지만, 한국 사회에서 감성적으로 받아들이기 힘들다. 결국 한국인의 정서 및 문화에 배치되는 이러한 활동은 성공하지 못했다.

27 전라남도 '음식문화 개선 원년' 선포키로, Newsis, 2007년 7월 3일
28 "아줌마 더!" 외침도 잔반도 없었다, 동아일보, 2009년 10월 16일
29 음식문화 바꾸기, 식당은 외면, 내일신문, 2010년 8월 20일

에스컬레이터 '두 줄 서기' 캠페인은 이미 지하철 이용자가 받아들인 '한 줄 서기' 문화를 바꿀 수 없었다.

사례 2. 반대 의견에도 불구하고 사회에 안착한 경우

간혹 새로운 사회 활동이 잘 정착되던 중 문제가 발견돼 사회 활동을 중단하자고 반대 활동을 벌이는 경우도 있다. 지하철 역사 안에 있는 에스컬레이터와 관련된 캠페인이다.

한국에서 월드컵이 개최되던 2002년 에스컬레이터 한 줄 서기 운동이 본격화됐다. 원래는 1990년대 중·후반부터 시작됐지만, 2002년경부터 빠르게 안착됐다. 안착된 이유는 이성적 그리고 감성적으로 모든 사람이 편리하고 합리적이라 받아들였기 때문이다. 바쁜 사람은 왼편에서 걸어올라가면 되고 여유가 있거나 피곤한 사람은 오른편에 서서 올라가면 된다. 하지만 2007년 정부에서 '두 줄 서기' 운동을 시작하면서 혼란이 생겼다.[30] 한 줄 서기가 정착됨에 따라 몇 가지 폐해가 나타났는데, 에스컬레이터에서 급히 오르내리는 사람들로 인한 안전 문제가 불거졌고 오른쪽에만 사람이 서있기 때문에 에스컬레이터의 오른쪽에만 하중이 가해져 기계 고장이 계속 발생했다. 하지만 이미 한 줄 서기는 한국 사회에서 정착됐고 무엇

30 에스컬레이터 한 줄? 두 줄?... 정답 없이 안전만 외치는 정부, 중앙일보, 2019년 1월 2일

보다 지하철 에스컬레이터 이용자가 보기에 한 줄 서기가 훨씬 합리적이고 편리하고 받아들이기 쉬웠다. 지하철 이용자 중 65.5%가 한 줄 서기를 한다고 했는데, 이는 두 줄 서기를 하는 34.5%에 비해 거의 2배에 가까운 비율이다.[31] 끝내 정부는 2015년 두 줄 서기 캠페인을 중단했다.

엘리베이터 한 줄 서기 또는 두 줄 서기 중 어느 방식이 더 좋은지를 떠나 중요한 점은 사람이 가치 있고 긍정적이라고 생각해 받아들이고 관행화된 활동은 중간에 결정적인 문제가 생기기 전에는 쉽게 바뀌지 않는다는 것이다. 코로나19 이후 비대면 방식이 한국 사회에 긍정적으로 정착된다면 앞으로 비대면 방식이라는 흐름은 쉽게 바뀌지 않을 것이다.

유형 B. 기술 및 사회 인프라에 따른 트렌드 정착 여부

사례 3. 기술은 준비됐지만 사회 인프라가 부족한 경우

기술 발전에 따라 많은 사람이 미래 기업의 모습으로 예단하던 것이 하나 있다. 바로 '종이 없는 사무실(Paperless office)'이다. 앨빈 토플러(Alvin Toffler)를 비롯한 많은 미래학자는 1970년대부터 컴퓨터의 발전에 따라 앞으로는 종이 없이, 즉 별도의 출력이나 복사 없이 일을 할 수 있을 것이라 예측했다.[32] 하지만 얼마 전까지만 하더라도 우리는 회사에서 일하면서 어마어마한 분량의 종이를 소비했다.

2000년대 이후 IT 및 디지털 기술의 빠른 발전은 사무실에서 종이를 덜 사용할 수 있는 가능성을 보여줬다. 전자 결제, 이메일에 첨부된 자료 공유, PDF로 대변되는 문서의 호환성 등은 우리가 사무실에서 맘만 먹으면 얼마든지 종이를 출력하거나 복사하지 않고 업무를 볼 수 있도록 도와준다.

---

31 에스컬레이터 한 줄? 두 줄?… 정답 없이 안전만 외치는 정부, 중앙일보, 2019년 1월 2일
32 40 Years ago, this is what people thought the office of the future would look like, Business Insider, 2014년 12월 4일

디지털 기술의 발전에도 불구하고 종이 없는 사회는
여전히 오지 않았다

최근에는 카톡과 같은 모바일 메신저, 사내 이메일 또는 메신저, 협업 프로그램 등을 적극적으로 활용해 종이 없이 업무를 진행하는 트렌드가 점차 가속화되고 있다. 또한 노트북, 태블릿 PC등과 같은 하드웨어의 눈부신 발전은 디지털 자료의 보관 및 공유 그리고 활용의 편의성을 엄청나게 향상시켰다.

하지만 아직까지 종이 없는 사무실이 실현되지 않은 가장 큰 이유는 기술적 한계가 아니라 우리의 사회적 인프라 및 문화적 특성 때문이다. 여전히 우리 사회는 손에 뭔가를 들고 하나하나 체크하면서 보는 것을 좋아한다. 그리고 회사와 조직에서는 보고를 위해 출력하고 미팅에 참석한 사람을 위해 복사해 배포하고 경우에 따라서는 제본까지 해서 보고서를 만들기를 요구한다. 하지만 미팅 후에는 대부분 자료가 폐기되거나 서랍장 안으로 들어간다. 이처럼 아무리 기술이 뛰어나더라도 사회가 이를 수용할 수 없다면 새로운 트렌드는 쉽게 자리잡을 수 없다.

사례 4. 기술과 사회 인프라가 모두 준비된 경우

2017년 월드이코노믹포럼(World Economic Forum)은 중국의 모바일 결제 규모가 미국 대비 50배 이상 크다고 밝히면서, 중국 모바일 결제의 급격한 성장의 주역으로 알리바바(Alibaba)와 텐센트(Tencent)를 지목했다.[33] 텐센트의 경우 '기타 서비스' 항목에 잡혀 있던 위챗(Wechat, 중국명 微信)[34]

---

33 "This country's mobile payments market is 50 times the size of America's", World Economic Forum, 2017년 7월 31일
34 위챗 (중국명 微信)은 텐센트가 2011년 출시한 모바일 메신저 서비스로, 사용자는 약 10억 명 이상이며 중국 내 최고 영향력을 가진 메신저 서비스임.

알리페이(Alipay)와 같은 모바일 결제 시스템은 현금이나 신용카드 대신 스마트폰을 이용해서 오프라인 및 온라인에 상관없이 제품 및 서비스를 구매할 수 있다.

기반 모바일 결제 부문의 2016년 4분기 매출이 2015년 대비 1년만에 3배 증가해 한화로 약 1조 1,000억 원을 달성했다. 알리바바의 모바일 결제 서비스인 알리페이(Alipay, 중국명 支付宝)와 텐센트의 서비스인 위챗페이(Wechat Pay, 중국명 微信支付)는 중국 본토에서 공공 기관뿐 아니라 택시 및 전철 같은 대중교통, 식당 및 쇼핑, 온라인 쇼핑 등 거의 모든 영역에서 사용되고 있고 심지어 길거리 노점상 역시 사용하고 있다. 최근에는 화교가 많은 동남아로 빠르게 사업을 확장하고 있다. 한국에서도 중국 관광객들이 많이 오는 명동에서는 알리페이 사용이 가능한 매장들을 쉽게 볼 수 있다.

중국에서 모바일 결제 시스템은 세 가지 이유 때문에 불과 10여 년 만에 자리잡을 수 있었다. 첫 번째는 중국 정부의 적극적인 지원이다. 중국 정부가 현금 사용에 따른 비자금 또는 불법 자금을 막을 방법이 필요했는데, 모바일 결제가 투명한 돈의 흐름을 가능하게 해줬기 때문이다.

두 번째는 알리바바, 텐센트와 같은 기업의 적극적인 영리 추구 활동이다. 알리바바는 티몰, 타오바오와 같은 이커머스 사이트를 운영하면서 알리페이로 결제 가능한 다양한 유인책을 활용했고 텐센트는 자사의 모바일 메신저인 위챗 기반의 모바일 결제 시스템을 효과적으로 운영해 2016년 이후 매출을 급격히 증대시키고 있다.

세 번째는 중국의 낮은 신용카드 발급량이다. 월드 뱅크(World Bank)에 따르면, 중국의 신용카드 발급률은 21%로, 미국 66%, 한국 64% 대비 큰 격차를 보인다.[35] 또한 1인당 보유한 체크카드와 신용카드 수치는 4.88개와 0.38개로, 다수의 사람이 신용카드 한 장 없이 살고 있다.[36] 모바일 결제 시스템의 정착 초기에는 신용카드가 없기 때문에 모바일 결제를 이용할 수밖에 없었지만, 지금은 모바일 결제가 완전히 자리잡아 번거롭게 신용카드를 발급받을 필요가 없어진 것이다.

중국의 모바일 결제 시스템을 보면 새로운 시스템이 사회에 정착하는 데는 기술적 진보뿐 아니라 사회적 환경도 동시에 함께 준비돼야 함을 알 수 있다.

과거에 최신 그리고 최첨단 트렌드라 불리던 현상들도 지금 살펴본 사례들처럼 우리 사회가 받아들일 준비가 안 돼 있다면 단지 찻잔 속의 태풍으로 끝난다. 반면, 사회가 받아들일 준비가 돼 있고 기술적 그리고 사회적 인프라마저 구축돼 있다면 주변의 반대에도 불구하고 트렌드가 지속적으로 유지되는 것을 알 수 있다.

마지막으로 비대면 방식이 코로나19 때문에 단기간 붐을 이뤘다가 사라질 것인지, 우리 사회에 장기간 정착할 것인지 살펴보자.

---

35   Credit Card Ownship (%, 15세 이상, 2017년), World Bank
36   E-Commerce Payment Trends: China, JP Morgan, 2019

비대면 활동의 정착 가능성을 확인하는
세 가지 질문

비대면 방식의 안정적인 정착 여부를 알아보기 위해 세 가지 질문을 차례대로 확인해보자. 첫 번째 질문은 현재 우리에게 비대면 방식이 필요한지를 확인하는 것이다. 두 번째 질문은 비대면 방식이 현재 주류를 이루는 대면 기반의 활동들을 대체할 수 있는지를 확인하는 것이다. 마지막 질문은 현재 우리가 보유하고 있는 기술적 발전이 비대면 방식을 충분히 지원할 수 있는지를 확인하는 것이다.

이러한 세 가지 질문에 대한 답을 찾으면서, 앞으로 비대면 방식을 우리 사회에 어떻게 안착시켜야 하는지 그리고 어떤 과제가 있는지를 살펴보자. 먼저 첫 번째 질문에 대한 답을 찾아보자.

첫 번째 질문. 우리에게는 비대면 방식이 필요한가?

코로나19로부터 우리들을 보호할 수 있는 백신이 없는 상태에서 비대면 방식의 활동은 우리가 선택할 수 있는 최선의 방식이다. 코로나19는 사람의 비말로 전염된다. 따라서 밀폐된 장소에 함께 모여 있지 않으면 전염의 위험성이 현저히 낮아진다. 가까운 장소에서 언택트, 즉 접촉하지 않거나 같은 장소에 있지 않으면 된다. 즉, 비대면 방식을 비즈니스나 우리 일상에 적용하는 것이 가장 안전한 방법이다.

현재까지 비대면 방식은 우리가 어쩔 수 없이 받아들여야만 하는 방식이지만, 그렇다고 해서 사람들이 비대면 방식을 무조건 싫어하는 것은 아니다. 우선 우리는 이성적으로 코로나 팬데믹 시대에서의 비대면 방식의 필요성과 장점을 충분히 알고 있다. 이미 질병관리본부와 여러 언론 매체 그리고 해외 뉴스 등을 통해 사람끼리의 접촉 최소화가 왜 중요한지 학습돼 있고 사람끼리 모였다가 감염이 확산된 사례를 충분히 들어 알고 있다. 물론, 개인적 소신과 잘못된 확신을 갖고 코로나19 시대에도 여전히 밀접한 대면 접촉을 주장하는 사람도 존재한다. 하지만 질병으로부터 생존하려면 무엇보다 검증된 지식 및 경험을 따르는 것이 가장 합리적이고 안전하다.

사람이 이성적으로 비대면 방식의 일상생활을 받아들이는 동안 영민한 기업가들과 회사들 그리고 공공 기관 등은 비대면 방식이 가져올 새로운 사업 기회에 주목하고 있다. 이러한 사업 기회는 새로운 매출을 창출하거나 코로나19로 인해 줄어든 이익을 보충할 수 있도록 해준다.

웅진씽크빅의 사례를 한번 살펴보자. 웅징씽크빅이라고 하면 떠오르는 것은 '방문학습'이다. 불행히도 코로나19가 올해 초에 확산되면서 방문학습은 큰 어려움을 겪었다. 방문학습이야말로 대표적인 대면 방식의 학습이기 때문이다. 당연히 1분기 영업이익은 17억 원의 적자를 기록했다. 하지만 웅진씽크빅은 작년 11월에 출시한 인공지능(AI) 학습 플랫폼인 '웅진스마트올'이라는 온라인 학습지가 있었다. 코로나19로 인해 방문 학습이 불가능해지자, '웅진스마트올'을 적극 활용해 영업 지표를 빠르게 개선하고 있다.[37] 향후 웅진씽크빅의 전략이 웅진스마트올을 새로운 주력 서비스로 삼을지 또는 기존 방문학습의 보조 수단으로 활용할지는 아직 알 수 없다. 하지만 비대면 방식의 학습이 새로운 수익원이라는 것은 증명됐다.

비대면 학습을 도입한 교육 플랫폼 이외에도 다양한 비대면 수혜기업과 산업들이 거론되고 있다. 일차적으로는 집에서 비대면 방식의 온라인 수업과 원격근무를 함에 따라 데이터센터 및 데이터 사용량이 폭발적으로 증

---

37 비대면 AI 수업으로 코로나 타격 비껴간 웅진씽크빅, 서울경제, 2020년 6월 17일

코로나19 때문에 대표적 대면학습 방식인 방문 학습 시장이 급격히 위축됐다.

가했고 이에 따라 아마존웹서비스(AWS)와 같은 서비스에 대한 수요가 증가했다. 그뿐 아니라 카카오, 네이버 등은 카카오페이, 네이버페이와 같은 결제 서비스까지 제공함에 따라 비대면으로 이뤄지는 이커머스 시장에서도 존재감을 강화하고 있다. 쿠팡, SSG닷컴, 마켓컬리 등의 이커머스 기업은 두 말할 것 없이 비대면 시대의 최대 수혜자다. 오프라인 쇼핑이 제한적인 현 시점에서 온라인 쇼핑은 필연적이며 지금 최고의 서비스를 제공해 더 많은 충성 고객을 확보하는 이커머스 기업은 앞으로 계속 성장할 수 있는 기회를 얻을 것이다.

이러한 비대면 방식의 수혜 기업들이 갑자기 성과를 낸 것은 아니다. 아마존이나 네이버, 카카오 모두 해당 산업 내 대표 기업들이지만, 비대면 비즈니스와 관련해 지속적으로 투자해온 기업들이다. 이들의 노력은 코로나19가 촉발한 지금 상황이 아니더라도 언젠가는 빛을 볼 수 있을 거라 생각한다. 다만 시기적으로 앞당겨진 것뿐이다.

기업들만 비대면 방식의 비즈니스를 준비한다고 해서 바로 성공하는 것은 아니다. 이보다 중요한 점은 소비자들이 서비스와 제품을 적극적으로 받아들여야만 지속적인 성공을 보장받을 수 있다는 것이다.

소비자들은 당장 코로나19 때문에 밖에서 사람을 만나거나 쇼핑을 할 수 없는데, 누군가가 이러한 답답함을 해결해주는 서비스나 제품을 제공한다면 마다할 이유가 없다. 물론 온라인으로 주문해 새벽에 배송되는 제품들이 마트에서 직접 보고 확인한 제품보다는 못 미더울 수 있다. 하지만 몇

비대면 비즈니스 트렌드

번 주문해본 후 어느 정도 확신을 하게 되면 새벽 배송만큼 편안한 서비스도 없다. 온라인 학습지도 마찬가지다. 집에 직접 와서 학습 지도를 하고 간 후에 남겨진 빨간펜의 흔적을 보면 아이가 뭔가를 배웠을 것이라는 근거 없는 안도감이 들지만, 혼자서 모니터만 보고 있는 아이의 뒷모습을 보면 어딘가 불안할 수 있다. 하지만 온라인 학습지를 한 후 기말고사 성적이 좋아졌다면, 온라인 학습에 대한 인식이 바뀔 것이다.

소비자들은 새롭게 경험한 비대면 일상생활에 점차 익숙해지고 있으며 기업은 비대면 방식을 통해 새로운 수익 창출 효과를 달성할 수 있기 때문에 비대면 방식은 우리 사회에 좀 더 빨리 그리고 지속적으로 자리잡을 것으로 판단된다. 적어도 한국 사회는 비대면 방식을 통한 일상생활과 비즈니스를 거부하고 있지는 않다.

두 번째 질문. 비대면 방식이 기존의 대면 중심 방식을 대체할 수 있는가?

우리는 현재 비대면 방식을 선호하고 이를 적극적으로 받아들일 준비가 돼 있다. 하지만 비대면 방식이 아주 오랫동안 우리의 삶과 문화 그리고 사회 시스템을 주도해왔던 대면 중심의 방식들을 대체할 수 없다면 비대면 방식은 결국 우리 일상에서 극히 작은 영역에서만 살아남을 것이다.

비대면 방식이 대면 방식을 대체할 수 있는지를 알아보기 위해, 먼저 전통적인 대면 방식이 어떤 문제점을 갖고 있는지 알아보자.

다음의 그림을 한번 살펴보자.

최근 화장품 브랜드 또는 패션 브랜드들을 중심으로 매장 입구에 서로 다른 2개의 쇼핑 바구니가 놓여 있는 모습을 종종 볼 수 있다. 왼쪽의 바구니에는 '혼자 볼게요.' 또는 '혼자 쇼핑할게요.'라고 적혀 있고 다른 바구니에는 '도움이 필요해요.'라는 문구가 적혀 있다. 당연히 쇼핑 바구니는 서

매장 점원의 방해 없이 쇼핑을 하려면 '혼자 볼게요'라는 바구니를, 점원의 도움이 필요하면 '도움이 필요해요'라는 바구니를 선택하면 된다.

로 다른 색상으로 구분돼 멀리서도 손님이 어떤 바구니를 선택했는지 알기 쉽다. 만약 손님이 '혼자 볼게요.'라는 바구니를 들고 매장에서 쇼핑하면 점원을 손님이 뭔가를 물어보지 않는 한 손님에게 말을 걸지 않는다.

이러한 두 가지 쇼핑 바구니는 글로벌 화장품 매장인 '세포라(Sephora)'[38]와 한국의 화장품 브랜드샵인 '이니스프리'[39] 등에서 쉽게 볼 수 있다. 많은 손님은 이들 두 가지 쇼핑 바구니를 재미있으면서도 의미 있다고 여긴다고 한다.

이번에는 쾌적한 화장품 매장이 아니라 좁은 택시 안에서 어떤 변화가 있는지 살펴보자. 만약 택시를 골라 탈 수 있다면, 말이 많은 택시 기사와 말이 없는 기사 중 어떤 기사분이 운전하는 택시를 고를 것 같은가? 대부분의 사람은 아마 말이 없는 기사분이 운전하는 택시를 선택할 것 같다.

얼마 전까지 승합차 호출 서비스인 '타다'에 대한 논의가 한국 사회를

---

38 Sephora's genius basket system is an introvert's dream come true, Huffpost, 2019년 5월 11일
39 Customers want help. They also want to be left alone, Vox, 2019년 11월 21일

뜨겁게 달궜다. '타다'와 관련된 논쟁에 상관없이 적어도 '타다'라는 서비스는 택시 이용자가 무엇을 원하는지를 명확히 알고 있었다. 바로 택시에서 불필요한 대화를 강요받지 않을 자유 말이다. 택시를 타면 기사분들이 쉴새 없이 말을 거는 경우를 종종 본다. 대부분의 대화는 내가 별로 관심 없는 주제인 경우가 많다. 택시 안에서라도 조용히 가고 싶지만, 그 짧은 순간마저 침묵의 자유를 누리지 못한다. '타다'는 기사들에게 절대로 먼저 말을 걸지 말라는 교육을 시켰다. '타다'의 이런 서비스는 소위 경쟁 대상인 택시들도 따라 했다. 경기도 부천시 부천개인택시조합은 소속된 택시 2,488대를 운행하는 기사들에게 "앞으로는 승객에게 먼저 말을 걸지 말라."라는 지침을 내렸다. 또한 성남시 택시 회사 10곳은 새로 제작 중인 기사 지침에 '먼저 말 걸지 않기'를 포함했다.[40]

롯데백화점에서도 '혼쇼'라는 서비스를 제공하고 있다. '혼자 쇼핑'의 약자인 혼쇼는 안내 데스크에서 '혼쇼' 스티커나 가방 걸이를 받아 가방 등에 부착하면 점원들이 고객이 혼자 쇼핑하는 것을 방해하지 않는다. 코로나19의 전염을 막는다는 의미도 있지만, 쇼핑을 방해받고 싶지 않은 고객들의 심리를 반영한 것이다.[41]

지금까지 살펴본 세포라와 이니스프리 그리고 택시 업계의 변화는 소비자들이 대면 접촉이 가져올 수밖에 없는 피곤함에 적극 대응하기 위한 방식이다. 특히 세포라와 이니스프리가 운영하는 두 가지 종류의 쇼핑 바구니는 점원과 고객이 비록 동일한 매장 안에 있지만, 소비자들은 비대면 쇼핑을 경험할 수 있다. 단지 구매할 때만 점장과 만나면 된다. 만약, 매장에 무인 계산대까지 설치한다면 매장 내 점원의 상주 여부와 상관없이 완벽

---

40 공기청정기 달고 손님에 말 안 걸고⋯ 타다 따라 하는 택시, 조선일보, 2019년 12월 7일
41 '혼자 구경할게요'⋯롯데백화점, '혼쇼 서비스' 도입, 연합뉴스, 2020년 5월 13일

인터넷과 디지털 기술의 발전으로 이제 개인은 24시간 주7일 동안 언제 어디서든 누군가와 연결돼 있다.

한 비대면 쇼핑을 할 수 있을 것이다.

우리는 인간을 '사회적 동물'이라 표현하고 인간관계의 중요성을 강조한다. 현실적으로 크고 작은 사회 속에서 상대방과 좋은 관계를 유지하려고 노력한다. 스스로 아웃사이더, 즉 '자발적 아싸'가 되기를 결심하지 않는 한, 다른 사람과의 좋은 관계는 경제·사회적 혜택으로 돌아온다. 무엇보다 우리 사회에서는 다른 사람과의 좋은 관계 유지에 대한 강한 집착과 맹목적 신뢰가 있다.

작게는 가정에서 가족 및 친척들과 잘 지내야 하고 학교에서는 선생님과 학급 동기들과의 관계가 중요하며 사회에서는 직장 상사와 동료들과의 관계를 완벽하게 유지해야 한다. 그러다 보니 우리 사회에서는 좋은 관계 구축을 위한 압박과 대면 접촉 시 좋은 모습을 보여야 한다는 심리가 만연해 있다. 그렇기 때문에 최근 1990년대생에게 회사가 줄 수 있는 최대의 복지가 '점심에 혼밥(혼자 밥 먹기)하게 하는 것'이라는 말도 있다. 그뿐 아니라 가장 가까워야 하는 가족과 친척 사이에서도 명절만 되면 과도한 간섭과 관여 때문에 불필요한 갈등이 생기는 것을 자주 볼 수 있다.

이처럼 한국 사회는 인간관계를 중시하는데, 최근에 인간관계를 뛰어넘어 모든 것이 연결돼 있는 '초연결 사회 (Hyper Connected Society)'로 진입함에 따라 우리의 스트레스가 더욱 커지고 있다.

초연결 사회에서는 더 이상 집과 직장, 주중과 주말, 오프라인과 온라인의 구분이 무의미하다. 회사에서는 필요하다면 언제든지 이메일과 카톡, 또는 회사 메신저를 통해 직원에게 연락할 수 있고 친하든 친하지 않든

비대면 비즈니스 트렌드

SNS상의 친구들은 나의 삶을 하나하나 알고 있다. 물론 나 역시 그들의 삶을 SNS라는 공간에서 보고 적당히 메시지를 달아줘야 한다. 아무리 좋은 관계라도 자주 보면 언젠가는 힘이 드는데, 이제는 언제 어디서든 연결돼 있으니 힘들 수밖에 없다.

초연결 사회가 무엇보다 힘든 것은 기존의 대면 중심의 관계라는 밑바탕 위에 디지털 기반의 관계라는 또 다른 층을 한 번 더 쌓아올렸기 때문이다. 기본적 대면 관계가 주는 스트레스 위에 디지털로 상시 연결되는 상황이 압박을 가하는 구조가 된 것이다. 초연결 사회에서 스트레스를 벗어나기 위해서는 어떻게 해야 할까? 사회에서 생활하기로 했다면 관계는 피할 수 없는데 말이다.

자발적으로 인터넷을 끊겠다는 의지가 없다면 초연결 사회에서 벗어나기는 힘들다. 이 경우 선택할 수 있는 방법은 기본적인 대면 중심의 관계라도 우선 차단하는 것이다. 대면 관계는 직접적이고 반사적이고 즉시 반응해야 하므로 훨씬 더 힘들다. 메신저와 전화 통화의 차이를 생각해보자. 동일한 메시지를 전달하더라도 메신저는 문자를 주고받는 동안 생각할 수 있는 시간을 벌 수 있기 때문에 상대적으로 부담이 적다. 반면 전화는 상대방에게 즉각적 피드백을 줘야 한다. 무엇보다 직접적으로 목소리를 들으면서 상대방의 기분과 감정에 반응해야만 한다. 이것이 바로 비대면 방식과 대면 방식의 차이점이라 할 수 있다.

비대면 방식의 활동은 서로 얼굴을 마주보면서 진행되던 대면 방식과 비교해 스트레스를 줄일 수 있고 자기 자신에게 더욱 충실할 수 있다. 상급자 또는 동료, 아니면 고객의 얼굴을 직접 마주보고 업무를 처리하는 것보다 줌과 같은 화상회의 시스템으로 업무를 처리하면 예전에 못하던 말도 좀 더 쉽게 할 수 있지 않을까?

비대면 방식은 분명 대면 방식 대비 차별적인 장점을 많이 갖고 있다. 비대면 방식이 어느 순간 갑자기 대면 방식을 100% 대체할 것이라 생각하지는 않는다. 그리고 그런 일 역시 일어나지 않을 것이다. 하지만 점점 더 많은 사람이 기존 대면 방식 대신 새로운 방안을 찾고 있다. 그리고 그러한 사람들의 수는 절대 적지 않으며 향후 비대면 방식이 성장할 수 있는 충분한 수준으로 성장할 것이다.

세 번째 질문. 현재 우리의 기술적 수준은 어느 정도인가?

비대면 방식의 안착 가능성을 살펴보기 위한 세 번째 질문은 디지털 또는 IT 기술이 비대면 방식의 일상생활과 비즈니스를 효과적으로 지원할 만큼 충분히 발전했는지를 파악하는 것이다.

당연히 디지털 기술, 특히 화상회의 및 온라인 수업을 가능하게 해주는 화상회의 시스템과 초고속 인터넷 회선 등이 없었다면 비대면 방식은 불가능했을 것이다. 불과 몇 년 전만 하더라도 회사에서 화상회의를 한 번 하려면 전산부 직원이 모든 사람이 모이는 회의실에 화상회의 시스템을 설치하고 화상회의에 참석할 상대방에게 IP 어드레스를 보내고 몇 번의 시행착오 끝에 다소 버퍼가 걸리는 화상회의를 해야만 했다. 그나마 회사가 일정 규모 이상되고 전산부서가 있어야 화상회의 시스템을 원활하게 사용할 수 있었고 작은 기업은 텔레 콘퍼런스를 통해 목소리로만 회의를 진행해야만 했다.

하지만 지금은 줌 또는 스카이프와 같은 화상회의 플랫폼을 이용해 노트북 또는 스마트폰으로 언제 어디서든 화상회의가 가능하다. 심지어 자료화면까지 실시간으로 보면서 화상회의를 할 수 있다. 온라인 수업 역시 학생들이 선생님과 교수님들이 작업한 강의안을 집에서 볼 수 있고 경우에

에진에는 모든 사람이 회의실에 모여야 화상회의가
가능했다.

IT 기술을 통해 집에서 멀리 않은 사람과의 화상회의가
가능해졌다.

따라서는 온라인 플랫폼을 이용해 학생들끼리 격렬한 토의도 할 수 있다.

가상현실(VR)과 증강현실(AR) 역시 비대면 방식을 현실에서 구현하는 중요한 기술이다. 최근에는 페이스북, 소니, HTC 등의 IT 기업이 소비자 대상의 가상현실 기술에 공격적으로 투자하고 있고 B2B에서는 Varjo와 Pico 등의 기업들이 VR 기반의 기업용 솔루션을 개발하고 있다. 스페이셜 (Spatial) 같은 회사는 증강현실과 가상현실 기술을 이용해 자신의 가상 아바타를 만들고 가상 회의 공간에서 아바타들이 모여 회의를 하는 기술을 구현하고 있다. 아직은 헤드셋을 머리에 쓰고 있어야 하고 아바타의 구현 수준도 높지 않지만, 미래의 가상 회의 모습을 보여주고 있다. 그리고 일반 소비자들보다 기업들이 두 배 이상 가상현실 기술을 더 적극적으로 받아들이고 있다.[42] 기업들이 활용하는 가상현실은 주로 교육, 원격근무 그리고 의료 목적이고, 특히 원격 근무용 가상현실 솔루션은 별도의 헤드셋 없이도 집에서 재택근무하는 직원들이 마치 같은 회의실에 모여 있는 느낌을 전달하는 것을 목표로 한다. 영화 〈킹스맨(King's Man)〉에서 세계 각지에 있는 요원들이 가상현실로 회의하는 장면을 떠올리면 된다. 또 다른 기업용 가상현실 솔루션으로 각광받는 기술은 물건을 3D 홀로그램 형태로 구현해 회의실 또는 집에서 실제 제품을 보는 것처럼 이미지를 전후좌우

42 How the Coronavirus crisis will shape the future of virtual reality, Forbes, 2020년 5월 21일

기업용 가상현실 솔루션 사례 1
참석자들이 가상 공간에 모여 회의에 참석한다.

업용 가상현실 솔루션 사례 2
물체를 3D 홀로그램화해 어디서든 자유롭게 볼 수 있다.

로 볼 수 있도록 해주는 기술이다.

개인들이 집에서 사용할 수 있는 비대면 솔루션뿐 아니라 기업에서 사용하는 스마트 오피스, 스마트 팩토리 등 회사와 공장 그리고 물류 및 배송 서비스 등에서 사용할 수 있는 디지털 기술들 역시 계속 나오고 있다. 특히 인공지능과 결합된 스마트 팩토리는 기존 인력에 의존하던 방식 대비 생산, 유지 및 관리 그리고 품질 등 거의 모든 영역에서 더 높은 성과를 가져올 것으로 예측하고 있다.[43]

비대면 방식의 미래

지금까지 살펴본 것과 같이 비대면 방식의 일상생활과 비즈니스는 코로나19와 상관없이 앞으로도 지속될 것으로 보인다. 지금 당장 우리 사회가 비대면 방식을 필요로 하고 있으며 점점 많은 사람이 대면 접촉에 기반을 둔 환경에 지쳐가고 있다. 그리고 비대면 방식을 구현해줄 충분한 디지털 기술을 이미 보유하고 있다.

43 "AI in the factory of the future: The ghost in the machine", Boston Consulting Group, 2018년 4월 18일

무엇보다 2020년 현재 코로나 팬데믹 때문에 비대면 방식의 전면적 도입은 꼭 필요하다. 비대면 방식의 일상생활과 비즈니스가 예상보다 빨리 그리고 다소 급진적으로 도입됨에 따라 누군가는 많은 부분에서 불편함을 느낄 것이고 누군가는 예전부터 상상했던 자유를 누릴 수 있을 것이다.

비대면 방식이 완벽하게 자리잡을 때까지 새로운 비대면 방식과 전통적인 대면 방식의 일상생활과 비즈니스 방식이 공존할 것이다. 비대면 방식이라고 해서 마치 대면 방식과는 전혀 다른 형태라 생각할 수도 있지만, 2장의 앞부분에서 설명한 것처럼 비대면 방식은 비록 낯설게 보이지만, 이미 우리 주변에서 오랫동안 존재해왔던 삶의 방식이고 비즈니스를 해왔던 방법이다. 다만 새로운 디지털 기술과 혁신적 업무 방식들이 적용됐기 때문에 낯설게 보일 뿐이다. 낯설지만 익숙한 비대면 방식은 앞으로 보완적으로 발전할 것이다. 또한 비대면 방식의 일상생활과 비즈니스는 우리의 삶에서 점점 더 중요해질 것이다.

비대면 방식은 코로나19 이후 가장 부각되는 주제다. 하지만 이미 앞에서 살펴본 것처럼 비대면 방식의 활동은 이미 오랫동안 우리 주변에 있었고 어떤 면에서는 익숙한 활동이다. 다만, 최신 디지털 기술들과 같이 등장해 마치 새로운 활동처럼 보이는 것이다. 과거의 익숙한 주제들이 현재의 상황과 새롭게 대두된 디지털 기술을 고려해 새롭게 논의되고 새로운 결과를 만들어내는 것이다.

2부에서는 이러한 변화가 우리의 일상생활과 교육 및 업무 방식 그리고 비즈니스 영역에서 어떤 영향을 미칠지를 살펴볼 것이다.

02부

비대면 방식이 바꾼
일상생활과 비즈니스

2부에서는 코로나19가 가속화한 비대면 방식이 우리의 일상생활과 비즈니스에
미친 영향을 구체적으로 살펴본다.

3장과 4장에서는 우리의 일상생활에 녹아 있는 비대면 방식을 살펴 보고 5장에서는
비대면 방식이 일하는 방법과 학습하는 방법을 어떻게 변화시켜 나갈지를 살펴본다.

6장에서는 기업의 비즈니스가 비대면 방식을 통해 어떤 방향으로 진화하고
있는지를 살펴본다.

03장

비대면이 바꾼 일상생활 1:
커뮤니티의 미래

미래에도 사람은 악수를 할까?

사람이 만났을 때 서로 악수하는 모습은 불과 얼마 전까지 가장 흔한 인사법이었다. 악수는 현재 시간과 장소에 상관없이 가장 많이 사용하는 인사법인데, 악수의 유래는 기원전 그리스까지 거슬러 올라간다. 손에 무기를 들고 있지 않다는 것을 보여주고 옷소매 안에도 짧은 단검을 숨기지 않았다는 것을 증명하기 위해 서로 오른손을 잡고 흔든 것이 유래라고 한다.

하지만 코로나19 때문에 수천년의 역사를 갖고 있는 악수는 현재 가장 기피하는 인사법이 됐다. 사람 간의 직접적인 접촉으로 인해 전염되는 코

안티쿠오스 1세와 악수하는 헤라클레스(오른쪽)를
묘사한 조각상. 기원전에 조각됐다.

로나19의 특성 때문에 서로 손을
마주잡는 악수야말로 가장 위험
한 방식이기 때문이다.[44]

코로나19는 악수 이외에 다른
전통적인 인사법에도 많은 영향
을 미치고 있다. 프랑스를 비롯한
유럽에서 많이 볼 수 있는 방식인
상대방과 서로 볼을 갖다대는 인
사법 역시 위험천만한 방식이다.
실제로 프랑스에서는 전통적 볼
키스 인사법인 '비쥬(Bisou)'를 자

제하라고 권고하기도 했다.[45] 그외에 뉴질랜드 마오이 족의 인사법인 서로
코를 비비는 방식의 홍이(Hongi)[46] 역시 코로나 시대에는 피해야 하는 인
사법이다. 또한 서양에서 존경과 사랑을 표현하는 방식으로 상대방에 손에
키스하는 인사법 역시 피해야 한다.

최근에는 전통적 인사법이 갖고 있는 위험성을 피하기 위해 다양한 인
사법을 활용하고 있다. 흔히 볼 수 있는 것은 소위 '주먹 인사(Fist Bump 또
는 Bro Fist)'라 불리는 방식으로 서로 간의 주먹만을 갖다 대는 방식이다.
또 다른 방식으로 서로 팔꿈치를 갖다 대는 인사법도 간혹 볼 수 있다. 그
리고 아예 손 대신 발을 써서 인사하는 방법도 있다. 주먹 인사는 이미 서
양에서 많이 볼 수 있는 인사 방식이므로 쉽게 정착될 수 있지만, 주먹이

---

44 불안한 선거 유세…'악수 대신 눈 인사로', 연합뉴스TV, 2020년 4월 7일
45 French official advises against kissing due to Coronavirus fears, CNN, 2020년 3월 1일
46 마오이 족의 인사법인 홍이(Hongi)는 서로의 코를 비벼 생명의 숨결을 나누는 전통에서 시작됐다(출처:
    Wikipedia).

서양에서 흔히 보는 서로의 빰을 갖다대고 인사하는
방식은 바이러스를 직접 전파할 수 있다.

상대방의 손등에 키스하는 방식 역시 바이러스를
전파시킬 수 있다.

사무실에서 악수 대신 주먹 인사를 하고 있다.

친구들이 서로의 팔꿈치를 마주대면서 안부를 묻고 있다.

직접적으로 접촉한다는 단점[47]이 있다. 나머지 인사법들 역시 아직은 낯선
방식이라 앞으로 어떤 인사법이 전통적 인사법을 대체할지는 알 수 없다.

하지만 어떤 인사법이든 안전하지는 않다. 왜냐하면 대부분의 인사법은
상대방과 서로 직접 마주한다는 것을 전제로 하기 때문이다. 악수와 팔꿈
치 인사의 차이점은 결국 동일한 공간 내에서 서로 신체를 직접 접촉하는
지, 즉 컨택트(Contact)와 논컨택트(Noncontact)의 구분일 뿐이다.

이러한 인사법들은 앞으로 가속화될 비대면 상황에서 할 수 있는 인사
법 중 일부분일 뿐이다. 비대면 방식의 일상생활과 비즈니스는 궁극적으
로 서로 직접적인 만남 없이 뭔가를 한다는 것을 의미한다. 따라서 비대면
방식이 정착하면 새로운 인사법 역시 등장할 수도 있다. 하지만 어떤 형식,

47 질본 '선거운동 주먹 악수도 전염 가능'…눈 인사 추천, 뉴시스, 2020년 4월 6일

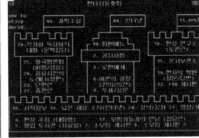

하이텔 전용 단말기   하이텔 내 동호회 화면

어떤 표현 방식이 인사법으로 자리잡을지는 아직 예측할 수 없다.

하지만 우리는 불과 얼마 전에도 이와 비슷한 경험을 했다. 약 30년 전부터 비대면 방식의 새로운 인사법을 고민하기 시작했고 최근까지도 비대면 인사법에 대한 다양한 시도가 이뤄지고 있다. 이러한 시도를 간단히 살펴보고 3장을 본격적으로 시작해보자.

우리가 PC통신[48] 또는 인터넷을 처음 이용하던 순간부터 비대면 방식의 인사법을 고민하기 시작됐다. 하이텔, 천리안과 같은 PC통신을 이용해 본격적으로 얼굴 한 번 본 적 없는 사람과 동호회 활동을 할 수 있게 됐고 실시간으로 대화하고 논쟁할 수 있게 됐다. 모니터에 나타난 파란색 스크린에서 처음으로 낯선 사람과 인사하고 의견을 펼치는 과정에서 상대방을 어떻게 불러야 할지, 어떻게 인사해야 하는지 등에 대한 많은 고민과 논쟁이 있었다. 요즘 많이 쓰이는 '@@님', '방가방가' 등과 같은 표현들 역시 과거 PC통신 시절에서부터 이어져온 것이다.

2000년대 이후 인터넷이 보편화됨에 따라 더 많은 사람이 이와 비슷한 고민을 하게 됐고 다양한 디자인의 이모티콘들이 새로운 인사법으로 많

---

48   PC통신은 1990년대 유행했던 컴퓨터 통신으로, 전화망과 모뎀을 이용했다. 하이텔, 천리안, 나우누리 등의 서비스가 큰 인기를 끌었다.

이 활용되기 시작했다. 처음에는 ^^, :-), :-(, ―_― 등과 같이 단어와 기호를 활용한 간단한 이모티콘들이 사용됐지만, 점차 기술이 발전하면서 다양하고 재미있는

코로나 시대의 이모티콘. 이모티콘들도 마스크를 쓰고 있다.

이모티콘들도 계속 나오고 있다. 특히 카톡과 같은 모바일 메신저가 널리 사용되면서 다양한 형태와 색상의 이모티콘들은 인사법뿐 아니라 자신의 감정까지 전달하는 수단이 됐다.

앞으로 비대면 방식의 일상생활과 비즈니스가 정착됨에 따라 사람과의 인사 방식 역시 변화할 수 있다. 당장 직접 만나서 하는 인사법들이 변화하기 시작했고 원격근무 또는 비대면 방식의 동호회 활동을 할 경우에도 적합한 새로운 인사법들이 도입될 것이다. 어떤 방식이 선택받고 사회에 정착될지를 지켜보는 것도 흥미로운 일이다.

3장과 4장은 모두 비대면 방식이 바꾼 일상생활 속의 변화를 다룬다. 3장에서는 커뮤니티 활동에서의 변화, 4장에서는 여가 생활 및 여행과 관련된 변화를 살펴본다.

최 대리의 즐거운 비대면 주말 모임

비대면 방식이 우리 일상에 가져올 변화를 알아보기 위해 평범한 사람이 앞으로 어떤 식으로 주말을 보내는지 한번 상상해보자. 다음 내용은 가상의 인물이 금요일 저녁부터 일요일 밤까지 어떤 종류의 비대면 활동을 하면서 시간을 보내는지를 정리한 것이다.

삼성동에 위치한 중견기업의 마케팅 부서에 근무하는 최 대리는 슬슬 업무를 마무리하기 시작했다. 코로나 팬데믹 이후 격주로 출근하는 중인데, 이번 주 사무실 출근은 오늘이 마지막이다. 일주일 동안 사무실에서 근무하니 왠지 더 피곤한것 같기도 하지만 오랜만에 본 동기들의 모습도 싫지는 않았다. 매주 금요일마다 회식할 팀원을 찾던 이사님도 코로나 이후 회식하자는 말씀을 안 하시니 금요일이 돌아와도 크게 부담이 없다.

퇴근하는 사람으로 엘리베이터는 붐비기 시작했다. 입사 동기인 박 대리가 웃으면서 금요일 약속 있냐고 묻기에 모임이 있다고 대답했다. 박 대리가 "코로나 때문에 모임 잡기 힘들텐데?"라고 슬쩍 물어보자, 다시 "온라인 와인 클래스야. 요즘 유행하는 거."라고 짧게 답했다. 최 대리는 7시 조금 전에 고덕동에 있는 자취집에 도착한 후 8시부터 있을 온라인 와인 클래스를 준비하기 시작했다. 준비라고 해봐야 줌을 이용한 화상 클래스인 관계로 모니터에서 보여지는 거실을 조금 정리하고 수업을 듣는 사람끼리 공동구매한 와인들을 꺼내놓고 얼마 전에 구입한 와인잔들을 정리하는 것이 전부다.

8시 정각이 되자, 온라인 와인 클래스의 강사님이 들어왔고 클래스 동기들도 하나둘씩 모니터상에 보이기 시작했다. 이미 세 번째 클래스인지라 비록 화상이지만 꽤 친해진 느낌이 들었다. 직접 모여 와인 수업을 들으면 와인의 향과 맛을 더 쉽게 음미할 수 있지만, 비용이나 시간도 부담되고 무엇보다 사람들과 금요일 저녁에 다시 만나는 것이 번거로워 일부러 온라인 클래스를 선택했지만, 생각보다 만족도는 높았다. 프랑스에서 소믈리에 자격증을 따셨다는 강사님의 가이드를 따라 와인을 맛보고 서로 돌아가면서 맛을 평가하는데, 깜짝 놀랄 만큼 맛을 자유롭고 참신하게 표현해 놀랐던 기억이 있다. 아무래도 비대면으로 수업을 진행하니, 직접 얼굴을 보고 말할 때 느끼는 쑥스러움이 줄어들어 그런 듯했다. 2시간 정도가 지나자, 강사님은 클래스를 마치겠다고 말하면서, 한 달 후에는 청담동 와인바에서 오프라인 클래스를 한다고 공지하셨다. 얼마만의 오프라인 클래스인지 기억노 안 나지만, 왠지 사람을 직접 만난다고 생각하니 좋기도 하지만 낯설 것 같다는 생각이 먼저 들었다.

온라인 클래스가 끝났지만, 바로 노트북을 끄지는 않았다. 내일 오후에는 동호회 모임이 있는데, 입고 나갈 옷이 마땅치 않아 이번 기회에 인터넷 쇼핑몰에서 몇 벌 새로 사려고 했다. 회사에서 스마트폰으로 눈여겨본 옷들이 있는데, 마지막으로 구매 후기를 본 후에 최종 결정을 하려고 구매를 미뤄뒀다. 내일 오후에 입을 옷들이지만, 상관은 없다. 요즘은 다음 날 아침까지 배송되기 때문이다. 이미 쇼핑 카트에 넣어둔 옷들은 카카오페이를 이용해 결제했다. 배송 예상 시간을 확인해보니, 예상대로 내일 오전 11시 정도라고 돼 있다.

그래도 불금인데 그냥 자기는 아쉬워서 냉장고에서 맥주 두 캔을 꺼내들고 텔레비전을 켜고 넷플릭스를 연결했다. 스마트폰이나 노트북으로도 넷플릭스를 자주 봤지만, 아무래도 불금에는 큰 화면으로 봐야 제맛이다. 최근 유행하는 드라마 몇 편을 몰아서 본 후 잠자리에 들었다. 만약 예전처럼 회식을 했거나 와인 수업을 듣고 집에 왔으면 피곤했을 텐데, 모든 것을 집에서 처리하니 몸도 편하고 시간과 비용도 절약할 수 있어서 좋다는 생각이 들었다. 물론 친구들과의 시끌시끌한 술자리도 아쉽지만 말이다.

토요일 오전이다. 어제 늦게까지 넷플릭스를 봐서 그런지 늦잠을 잤다. 어제 주문한 옷들은 벌써 배송돼 문 앞에 놓여 있었다. 늦은 점심을 먹고 서둘러 최 대리의 애마를 타고 용인으로 떠났다. 3시에 있는 동호회는 자동차 세차 동호회다. 다른 사람에게 세차 동호회간다고 하면, 첫 번째 반응은 '푸웃'하고 웃으면서 세상에 그런 동호회가 있느냐는 표정을 짓는 것이고, 두 번째 반응은 세차하려고 용인까지 가느냐는 질문을 하는 것이다. 모르는 말씀! 내가 아끼는 차를 위해 세차만큼은 최고로 해주고 싶고 무엇보다 세차는 집안에서 할 수가 없기 때문이다. 그리고 세차를 핑계로 만나는 동호회 멤버들로부터 다양한 자동차 정보도 들을 수 있고 무엇보다 세차 파크에 진열된 다른 차량들을 시운전할 수 있는 기회도 있다.

늦지 않게 도착한 세차 파크에서 한 달 만에 만난 동호회 멤버들과 수다도 떨고 온라인으로 사전에 예약한 차량 시승도 즐겁게 마쳤다. 집으로 돌아오니 10시가 넘었다. 벌써 주말의 절반이 끝나다니…. 아쉬운 마음을 달래기 위해 얼마 전에 구입한 닌텐도 스위치를 켰다. 비록 곰손이지만 유튜브에 있는 공략 자료들을 보고 따라 하니 할만 했다. 예전에는 어떻게 글을 써서 공략 방법을 설명하고 이해했을지 궁금해졌다. 조금만 더하면 한 판을 끝낼 것 같지만, 이쯤에서 마무리하기로 했다. 내일 새벽에 집에서 나가야 한다.

일요일 아침 7시에 집에서 나왔다. 근처에 사는 친구가 집 앞에 미리 와서 기다리고 있었다. 이번 여행의 목적지는 강원도 속초와 강릉인데, 오랜만에 바다도 보고 점심에 강원도 아바이순대도 먹어보고 강릉에 있다는 커피거리도 한 번 가보기 위해서다. 코로나 때문에 해외여행이나 주말 이틀 동안 멀리 여행하는 것보다는 차라리 당일로 갈 수 있는 여행을 더 선호하게 됐다. 아무래도 친한 친구 한두 명과 자가용으로 이동하는 것이 더 안전할 것 같아서다. 친구와 모처럼 즐겁게 기분 전환을 하고 집에 돌아오니 벌써 저녁 9시가 넘었다.

이제는 잘 시간이다. 금요일 저녁부터 일요일 저녁까지 무척 바빴지만, 나름 즐거운 시간이었다. 인터넷과 디지털 덕분에 예전보다 더 많은 활동을 한 것 같은데, 몸은 덜 피곤하고 시간과 돈도 많이 아낄 수 있었다. 다음 주도 보람차게 보내야지! '내일 아침에 일어나자 마자 화상회의로 진행하는 주간회의 자료를 카톡으로 보내야지.' 라고 생각하면서 서둘러 잠을 청했다.

커뮤니티의 미래:
누구를 어디서 어떻게 만날 것인가?

코로나19로 인해 많은 것이 변할 것이라고 예측하지만 사람끼리 어울려 즐거움을 찾고 뭔가 가치 있는 일을 하려는 인간의 본성은 변하지 않을 것이다. 이러한 본성은 계속 유지되겠지만, 사람이 어떤 방식으로 모임을 만들고 어떤 방식으로 모임에서 원하는 바를 얻을지는 코로나 팬데믹 이전과는 달라질 것이다.

코로나 팬데믹이 앞당긴 일상생활 속에서의 비대면 활동 중 먼저 살펴볼 부분은 우리가 속해 있는 모임, 즉 '커뮤니티의 변화'다. 우리가 속해 있는 모임 또는 집단은 크기에 상관없이 우리들에게 중요한 의미를 지니고 우리의 일상에 큰 영향을 미친다. 우리를 둘러싼 모임 중 가장 원초적이고 가까운 단위는 '가족'이다. 가족이라는 커뮤니티는 직계 가족으로 구성된 단위에서 시작해 가까운 일가친척으로 커질 수 있고 더 크게는 동일한 조상을 모시는 종친회로 확장될 수도 있다. 피 한 방울 섞이지 않았지만, 취미나 활동을 같이 하는 동호회나 클럽들 역시 가족 이상의 친근함을 느끼는 커뮤니티일 것이다. 커뮤니티는 과거 물리적 거리와 시간적 제약 때문에 자신들이 머물고 있는 장소를 기반으로 구성됐지만, 지금은 이러한 제약이 많이 사라졌다. 다양한 비대면적 수단으로 얼마든지 원하는 모임을 찾아 자신들의 의견을 공유하고 원하는 바를 얻을 수 있다.

이미 우리들을 둘러싼 커뮤니티들은 비대면 방식을 꾸준히 받아들이고 있다. 1990년대 PC통신 이후 현재까지 우리는 인터넷을 적극 활용해 자신이 원하는 동호회나 모임을 찾고 있다. 네이버와 같은 포털 안에 있는 동호회를 찾거나 특정한 취향과 정보 공유를 목적으로 만들어진 사이트를 찾아 가입하면 된다. 가입 역시 자신이 직접 어딘가를 찾아가 본인 인증을 할 필요도 없이 온라인 모임에서 요구하는 정보만 입력하면 완료된다. 모임에서 요구하는 최소한의 오프라인 미팅 참석 횟수를 충족시킨다면 그다음부터 오프라인 미팅에 나갈지는 순전히 자기 자신이 결정할 수 있다. 자신의 미술 작품이나 음악들도 온라인을 통해 얼마든지 공유하고 평가 받을 수 있다. 이처럼 커뮤니티는 이미 많은 부분에서 비대면화되고 있다.

그럼에도 불구하고 지금 시점에서 커뮤니티의 미래를 다시 살펴보는 이유는 명확하다. 코로나19로 인해 커뮤니티가 지금까지 경험해왔던 변화들이 앞으로 더욱 가속화될 것이다.

향후 비대면 방식의 커뮤니티가 좀 더 활성될 것이라고 보는 세 가지 이유를 살펴보자.

첫 번째 이유는 코로나의 위협이 끝나지 않았기 때문이다. 이미 앞에서 여러 번 설명했듯이 코로나19는 단시일에 끝나지 않을 것이다. 코로나19의 확산세가 줄어들었다가 다시 커지고 새로운 변종 바이러스가 생겨날 수 있다. 한순간의 방심과 실수로 코로나가 다시 퍼질 수도 있고 내 자

코세라는 가장 대표적인 온라인 공개 강좌(MOOC) 플랫폼으로 4,500개 이상의 강좌를 운영하고 있다.

신이 코로나19에 걸릴 수도 있다. 따라서 앞으로 꽤 오랜 시간 동안 우리가 할 수 있는 최선의 방법은 사람 간의 불필요한 접촉을 최소화하는 것이고 이를 가능하게 하는 최선의 방법이 온라인 중심의 비대면 방식을 적극 활용하는 것이다.

두 번째 이유는 비대면 방식의 커뮤니티 활동을 더욱 편리하게 할 수 있도록 도와주는 다양한 온라인 플랫폼과 디지털 기술들이 있기 때문이다. 페이스북, 인스타그램 등의 SNS 서비스들을 통해 다양한 정보와 모임을 찾을 수 있다. 교육 분야에서는 코세라(Coursera)[49], edX[50], K-MOOC[51] 등과 같은 다양한 글로벌 또는 한국의 온라인 교육기관들이 수천 개의 교육 강좌 및 온라인 학위 과정 그리고 커뮤니티 모임 등을 제공하고 있다. 그리고 비대면 방식의 디지털 기술은 사회에서 소외되기 쉬운 장애인 및 노인 계층에게도 더 많은 기회를 제공하고 있다. 특히 가상현실 기술을 활용할 경우 신체적 제약 때문에 기존에 할 수 없었던 새로운 경험을 할 수 있다.

온라인 플랫폼과 디지털 기술은 코로나19로 인해 초래될 수 있는 사회적 공황(Social Recession)을 보완해줄 수 있으며 오히려 새로운 관계와 모임을 형성할 수 있는 기회를 제공할 수 있다. 뉴욕타임스의 컬럼니스트는 미국에서 사회적 거리두기가 시행되자, 자신은 사회로부터 멀어질 것이라 예상했지만 실제로는 줌을 통한 미술 강좌, 스카이프(Skype) 북 클럽 등 더

---

49 2012년 미국에서 만들어진 대규모 온라인 공개 강좌(MOOC, Massive Open Online Course) 플랫폼. 2019년 전 세계 4,700만 명의 이용자를 보유함.
50 2012년 하버드 대학과 MIT가 개설한 MOOC. 2020년 기준으로 전 세계 2,400만 명의 이용자를 보유함.
51 2015년 만들어진 한국형 MOOC

많은 디지털 행사에 초대를 받았고 온라인을 통해 사회와 더 강하게 연결됨을 느꼈다고 한다.[52] 이처럼 다양한 온라인 플랫폼과 기술은 독립된 개인들을 사회와 더욱 연결시키는 기능을 지니고 있다.

영향력 있는 마케팅 구루인 세스 고딘(Seth Godin)은 자신의 책《트라이브즈(Tribes)》[53]에서 '부족(Tribe)'이라는 개념을 사용했다. 세스 고딘이 말하는 '부족'은 부족에 속한 사람끼리 연결돼 있고 그들을 이끄는 리더와 연결돼 있고 아이디어를 통해 연결돼 있는 사람이다. 부족은 작지만 상호간에 긴밀하게 연결돼 있고 공통의 아이디어를 갖고 있다. 이러한 부족은 규모는 작을지 몰라도 효율적이고 강력하다.

최근 디지털 기술의 발전과 유튜브와 같은 미디어는 개개인의 취향 및 선호에 근거한, 작지만 강력한 부족의 탄생을 가능하게 해준다. 자신만의 명확한 취향이 있다면 온라인과 유튜브를 통해 자신이 지향하는 바를 밝히고 자신에게 동조하는 사람을 찾게 된다. 이런 현상을 통해 뒷부분에서 설명할 '슈퍼올가니즘(Superorganism)'과 같은 독특한 형태의 음악밴드도 출현할 수 있었다.

커뮤니티는 지금까지 그랬던 것처럼 앞으로도 우리 일상과 비즈니스에서 중요한 역할을 할 것이다. 하지만 우리가 커뮤니티를 찾아내고 만들고 이용하는 방식들은 계속 변화하고 진화할 것이다. 이제부터는 온라인 중심의 커뮤니티와 오프라인 중심의 커뮤니티가 비대면 방식을 활용해 어떻게 변화되고 있는지를 살펴보자. 이러한 변화를 통해 어떤 비즈니스 기회가 있는지도 살펴볼 수 있다.

---

52 The Coronavirus crisis is showing us how to live online, New York Times, 2020년 4월 2일
53 Tribes: We need you to lead us, Seth Godin, 2008

영향력이 커지고 있는
온라인 커뮤니티 사례 세 가지

비대면 방식이 가속화될수록 커뮤니티들의 온라인과 오프라인 간의 경계가 점차 모호해지고 온라인과 오프라인이 유기적으로 결합될 것이다. 이미 온라인과 오프라인이 이분법적으로 구분되지 않고 있지만, 앞으로 이러한 추세는 더욱 심화될 것이다. 그리고 비대면 방식의 커뮤니티 운영 및 관리가 좀 더 중요해질 것이고 오프라인은 꼭 필요한 활동 중심으로 이뤄질 것이다. 이러한 비대면 방식의 온라인과 전통적 대면 방식의 오프라인을 유기적으로 연계하기 위해 디지털 기술을 좀 더 적극적으로 활용할 것이다.

이제부터 오프라인 커뮤니티들이 어떻게 온라인으로 들어와 커뮤니티를 형성하고 발전하고 있는지를 세 가지 사례를 통해 확인할 것이다. 그 사례들은 다음과 같다.

사례 1. 온라인에서 정신적 안정과 평화를 찾을 수 있을까?(종교 및 명상 분야)

코로나19가 한국뿐 아니라 전 세계적으로 확산됨에 따라 가장 오래되고 필수불가결하다고 여겨졌던 대면 활동에도 큰 충격을 줬다. 그것은 바로 '종교 활동'이다. 천주교, 개신교, 불교 그리고 이슬람교 등 대부분의 종교들은 매주 정기적으로 정해진 장소에 모여 종교 활동을 했다. 하지만 사람 간의 강력한 전파력을 갖고 있는 코로나19 때문에 대부분 종교 활동은 거의 모든 나라에서 일시 중지됐다. 한국의 천주교는 236년 역사 이래 최초로 전국 성당에서의 모든 미사를 중지했고,[54] 한국의 대형 교회들도 온

---

54 한국 천주교회 236년 역사상 첫 모든 미사 중단, 연합뉴스, 2020년 2월 26일

라인 예배 방식을 도입했다. 대부분의 사찰 역시 이와 비슷한 상황이었고 2020년 4월 30일 석가탄신일 기념행사는 코로나19 때문에 연기됐다. 이러한 상황만 살펴본다면 전통적인 종교 활동이 매우 큰 장애를 만났다는 생각이 들 것이다. 실제로 오프라인, 즉 대면 방식의 종교 활동은 사회적 거리두기를 실천함에 따라 큰 제약을 받고 있다. 5월 이후 점차 코로나 확진세가 다소 주춤해짐에 따라 천주교는 미사도 재개하고 개신교에서도 오프라인 예배를 다시 확대하고 있지만, 코로나 확산 여부에 따라 언제 다시 대면 방식의 종교 활동이 위축될지는 알 수 없다.

하지만 대면 방식의 종교 활동에 상관없이 오히려 비대면 방식의 종교 활동에 참여하는 사람은 증가하고 있다. 지난 6월 영국 일간지 〈가디언(The Guardian)〉에 실린 특집기사[55]를 살펴보자. 영국에서는 코로나19 때문에 도시가 봉쇄되고 강력한 사회적 거리두기를 실행하면서, 대부분의 종교 활동이 중지됐다. 영국에는 인종과 문화가 다양하기 때문에 영국 국교인 성공회, 천주교, 개신교, 유대교, 힌두교, 시크교 등 다양한 종교가 존재하는데, 이들 모든 종교는 도시가 봉쇄되는 동안 대면 방식의 종교 활동을 할 수 없었다. 이에 성공회에서는 신자들의 종교 생활을 위한 24시간 무료 전화 및 인터넷 서비스를 운영했는데, 신도들로부터 서비스 개시 48시간 만에 6,000통 이상의 전화를 받았다. 또한 더럼(Durham)에 있는 성 니콜라스 교회는 3월 일요일 하루 동안 스트리밍 방식으로 진행된 예배에 2,300명 이상이 참여했는데, 이는 대면 방식으로 진행되는 주일 예배에 약 300명 정도 참석하는 것과 비교하면 놀랄 만한 참석률이라고 밝혔다. 이러한 현상은 개신교, 천주교, 성공회, 이슬람교, 유대교 등 종교 및 종파에 상관없이 똑같이 나타나고 있다.

55 Keeping the faith: religion in the UK amid coronavirus, The Guardian, 2020년 6월 3일

비대면 방식의 종교 활동에 참여하는 신도들이 오히려 증가한 이유는 여러 가지가 있을 것이다. 코로나19라는 전염병 앞에서 나약한 인간이 종교에 의지하려는 마음은 당연하다. 하지만 인터넷과 같은 비대면 방식이 주는 편리함과 효율성 역시 무시할 수는 없다. 여러 가지 이유로 교회나 성당 등에서 행하는 대면 방식의 종교 활동에 참석하지 못했던 신도들과 일반 시민이 비대면 방식을 통해 종교 활동에 참여할 수 있게 됐다. 따라서 디지털 환경과 기술을 어떻게 사용하느냐에 따라 종교라는 매우 전통적이고 대면 중심의 커뮤니티 역시 비대면 형식의 커뮤니티 활동을 적극적으로 도입할 수 있다.

대면 활동을 중시하는 종교 활동과 달리 개인적 마음수련과 릴렉스(Relax)를 강조하는 명상 분야에서도 비슷한 현상들을 볼 수 있다. 특히 이러한 현상은 마음수련에 특화된 명상 관련 앱에서 종종 볼 수 있다. 현재 마음수련 또는 명상 서비스를 제공하는 앱으로는 캄(Calm), 헤드스페이스(Headspace), 텐퍼센트해피어(Ten Percent Happier) 등을 들 수 있다. 이 중 캄(Calm) 같은 앱은 명상 관련 서비스 중 최초의 유니콘 기업[56]으로 성장했고 유명한 농구선수인 르브론 제임스와 같은 스타들이 사용[57]하는 것으로도 유명하다. 코로나가 확산된 이후 이들 명상 앱에 대한 수요가 크게 증가했는데, 3월 한달 동안 이들 앱의 다운로드 횟수는 금년 1월과 2월 평균 대비 약 25% 증가한 75만 건 이상이고 안드로이드 사용자 기준으로 봤을 때 이들 앱의 사용 시간이 예전 대비 85% 더 증가한 것으로 나타났다.[58]

팬데믹 기간 동안 명상 앱에 대한 수요만 증가한 것이 아니라 명상 앱

---

56 유니콘(Unicorn) 기업은 기업 가치가 10억 달러 (1조 원) 이상인 비상장 스타트업을 가리키는 말이다.
57 LeBron James Partners with unicorn app Calm that focuses on your mental fitness, Forbes, 2019년 12월 25일
58 Feeling stressed? Meditation apps see surge in group relaxation, Washington Post, 2020년 4월 22일

명상 앱들은 디지털 기술을 활용해 다른 사람과 교류할 수 있도록 해준다.

에 기대하는 내용 역시 바뀌고 있다. 마음수련 또는 명상은 일반적으로 지극히 개인적인 활동으로 인식되고 있다. 하지만 최근 코로나 팬데믹 이후 사람은 명상과 같은 마음수련에서도 혼자 고립되는 것이 아니라 다른 사람과 함께 공감하고 교류하고 싶어한다. 그것이 비록 비대면의 가상현실에서라도 말이다.

헤드스페이스, 캄 등의 명상 앱들은 최근 이런 추세를 적극 반영해 다양한 실시간 명상 클래스 서비스를 제공하고 있으며 앱 가입자들은 라이브 클래스를 들으면서 스타 강사들에게 직접 질문하고 다른 사람과의 교감을 나누기도 한다. 이러한 라이브 클래스에는 매일 수천명의 참여자들이 앱을 통해 참석하는데, 이러한 모습을 취재한 ABC 뉴스의 기자 댄 해리스(Dan Harris)는 "사람이 명상 앱을 통해 소속감을 느끼고 싶어한다."라고 평하기도 했다.[59]

이러한 현상은 미국이나 해외에서만 일어나는 것은 아니다. 한국에서 가장 많은 명상 콘텐트 서비스를 제공하는 '하루명상' 앱 역시 최근 코로나 팬데믹 이후 사용자와 이용 시간이 모두 30% 이상 크게 증가했다. 하루명상 앱 서비스를 제공하는 무진어소시에이츠의 김병전 대표는 "코로나 사태 이후 불안하고 답답한 마음을 달래기 위해 명상 콘텐트를 찾는 사람의 수요가 눈에 띄게 증가했다. 무엇보다 비대면 상황에서 사람이 가장 아쉬

---

59 Feeling stressed? Meditation apps see surge in group relaxation, Washington Post, 2020년 4월 22일

위하는 것은 다른 사람과의 연결감인데, 명상은 장소와 관계없이 다른 사람과 강하고 따뜻한 연결이 가능하다는 점에서 비대면 시대에 아주 중요한 역할을 할 것으로 기대하고 있다."라고 말하고 있다.[60]

세상이 혼란스럽고 불안할수록 사람은 종교 또는 마음수련 등을 적극적으로 찾아왔다. 그리고 이런 현상은 앞으로도 계속될 것이다. 다만, 종교와 명상을 접하는 방식은 계속 변화할 것이다. 다같이 모여 종교 활동을 했던 방식은 점차 비대면 방식의 커뮤니티 형태로 변화하고 있고 혼자 방안에서 하던 명상과 마음수련 역시 비대면 방식의 커뮤니티 형태로 발전하고 있다.

사례 2. 실내에서 쾌적하게 즐기는 스포츠 커뮤니티(자전거 레이싱 분야)

대면 활동이 중요시되는 또 다른 커뮤니티 활동은 아마도 스포츠 관련 활동일 것이다. 축구, 농구처럼 다른 사람과 같이 팀을 짜서 하는 스포츠뿐 아니라 요가나 스피닝, 마라톤처럼 개인 혼자서 즐길 수 있는 스포츠도 많다. 혼자 집에서 운동하는 사람을 위한 다양한 동영상 트레이닝 프로그램은 예전에도 존재했다. 하지만 이런 방식의 트레이닝 프로그램은 지루하고 동기부여가 잘되지 않고 무엇보다 집에서 혼자 하기 때문에 재미가 없다.

나 자신의 기록 갱신을 위해 혼자 열심히 달리든, 몸의 유연성 증대를 위해 요가를 하든 대부분의 스포츠들은 혼자 하는 것보다는 다른 사람과 같이 모여서 할 때 즐거움도 더 커지고 운동 효과 역시 증진된다. 무엇보다 사람과 함께 운동할 경우 더 많은 자극을 받고 동기부여된다. 그렇기 때문에 사람은 바쁜 시간을 쪼개 피트니스 센터에 가입한다. 하지만 코로나 팬데믹 이후 이러한 스포츠 커뮤니티 역시 변화하고 있다. 최근 크게 주목받

60　무진어소시에이츠 김병전 대표 인터뷰, 2020년 7월

집에서 비디오를 보고 따라하는 전통적 홈 트레이닝 모습

고 있는 사례를 두 가지 생각해보자. 첫 번째 사례는 좀 더 개인적이고 자기자신에 대한 도전이라면, 두 번째 사례는 다른 사람과의 가슴 떨리는 경쟁을 담고 있다. 두 가지 사례 모두 자전거와 관련돼 있다.

자전거는 어떻게 비대면 스포츠로 진화했는가?

코로나19 때문에 최근 오히려 매출이 증가한 제품이 하나 있다. 바로 자전거다. 2020년 1분기 동안 국내 자전거 판매량은 전년 동기 대비 45% 증가했고 전기로 움직이는 전기자전거 역시 판매가 증가했다. 국내 대표적인 자전거 회사인 삼천리자전거는 전년 4분기 52억 원의 영업적자를 봤지만, 금년 1분기에는 15억 원의 영업이익을 달성했다.[61] 전통적으로 1분기는 추운 겨울 날씨, 황사 및 미세먼지 등으로 인해 매출이 저조한 시즌인데, 이러한 판매량 증대는 분명히 예상 밖이다.

61 자전거, 코로나 호황, 조선일보, 2020년 6월 30일

이러한 현상은 한국뿐 아니라 전 세계적으로 동일하다. 미국의 경우, 2020년 3월에는 전년 동월 대비 자전거와 자전거 액세서리 등의 판매량이 두 배 이상 증가했다. 좀 더 자세히 보면 출퇴근 및 피트니스용 자전거는 66% 증가했고 레저용 자전거는 121%, 어린이용 자전거는 59% 그리고 전기자전거는 85% 각각 증가했다. 뉴욕의 자전거 매장에서는 3주 전만 해도 1,000달러(약 120만 원) 미만의 자전거를 찾을 수 있었지만, 지금은 매장 내 선반이 텅텅 비어 자전거를 살 수도 없다고 한다.[62]

최근 자전거에 대한 폭발적 수요 증가는 다음의 세 가지 이유 때문이다.

- 코로나19 때문에 사람들이 안전하고 경제적인 교통 수단이 필요했고 자전거가 가장 적합한 교통 수단이기 때문이다. 자전거는 본인 혼자 이용하고 언제 어디든 갈 수 있고 자동차 구입보다 월등히 경제적인 수단이다.
- 팬데믹 시대에도 야외에서 몸을 풀고 기분 전환을 위한 활동이 필요한데, 자전거는 날씨만 좋다면 언제든지 야외에서 바람과 햇빛을 즐기면서 몸을 움직일 수 있는 운동이다. 미국에서 레저용 자전거가 출퇴근용 자전거보다 많이 팔린 이유도 기분 전환 및 야외 활동을 위한 수단이 필요했기 때문이다.
- 코로나19 때문에 대부분의 피트니스 센터가 문을 닫았기 때문에 적합한 대안이 필요했기 때문이다.

이처럼 자전거를 탄다는 것은 집 밖에서의 활동을 전제로 하지만, 크게 두 가지 유형의 라이더를 볼 수 있다. 건강과 체력 단련 그리고 즐거움을

---

62 Thinking of buying a bike? Get ready for a very long wait, New York Times, 2020년 5월 18일

위해 자전거를 타는 사람과 야외에서 자기 자신과 경쟁하거나 새로운 코스를 완주하기 위해 달리는 사람이 있다. 현재 디지털 기술은 이들 두 가지 유형의 자전거 라이더들을 위한 완벽한 비대면 방식의 솔루션들을 제공하고 있다. 첫 번째로 볼 사례는 '펠로톤(Peloton)'이라는 프로그램을 이용한 사례이고 두 번째 사례는 '즈위프트(Zwift)'라는 앱을 활용한 사례다.

집안으로 전달되는 뉴욕 프리미엄 피트니스 센터의 열기: 펠로톤 사례

먼저 펠로톤이 어떻게 실내에서 피트니스 목적으로 자전거를 즐기는 사람의 문화를 바꾸고 있는지를 살펴보자.

피트니스 산업의 넷플릭스 또는 애플이라 불리는 펠로톤이라는 회사가 있다. 2012년 뉴욕에서 창립된 펠로톤은 비싼 실내용 자전거를 만드는 회사다. 하지만 우리가 흔히 집에서 보던 실내용 자전거가 아니라 22인치 모니터가 달려 있고 홈 트레이닝용 프로그램을 함께 파는 회사다. 자전거를 구입한 고객은 펠로톤에서 제공하는 자전거용 홈 트레이닝용 프로그램을 매달 구독할 수 있다. 자전거 가격이 2,250달러(약 270만 원), 매달 프로그램 구독 비용이 39달러(약 4만 6,000원)로 가격대가 상당히 높은 편이다. 얼마 전부터 러닝머신 역시 이와 동일한 방식으로 판매하고 있다.

펠로톤은 코로나19 확산 이후 매우 높은 성장세를 보이고 있다. 2019년 나스닥에 상장된 펠로톤은 2020년 1월 8일 주가가 29.65달러에서 7월 7일 60.82달러로 약 2배 이상 성장했고 회원 수는 전 세계 약 260만 명인데 작년 동기 대비 약 94% 증가했다. 매출은 2020년 1분기 약 6,400억 원 수준이다.[63] 이러한 성장의 일차적 원인은 코로나19 때문에 외부에서 하는 스포츠 활동이 줄어들었기 때문이다. 하지만 펠로톤과 같이 디지털 장비와 콘텐츠를 결합한 홈 트레이닝 서비스가 전통적인 피트니스 센터를 대체하고 있다는 것도 사실이다.

펠로톤 서비스의 특징을 한 마디로 정리하면, 하드웨어와 디지털 콘텐츠의 결합이다. 홈 트레이닝용 자전거에 22인치 대형 모니터를 설치하고 전용 설치 기사가 집으로 배송해준다. 그리고 이용자는 매달 39달러의 구독료를 내고 다양한 홈 트레이닝 프로그램들을 이용할 수 있다. 얼핏 보면 별로 특이할 것도 없고 새롭지도 않은 방식처럼 보인다. 하지만 핵심은 클래스(Class)라 불리는 홈 트레이닝 프로그램에 있다. 홈 트레이닝 프로그램은 뉴욕 맨하탄에 있는 펠로톤 스튜디오에서 녹화되며 구독자들에게 스트리밍으로 방영된다. 홈 트레이닝 프로그램에 출연하는 강사들은 모두 그 분야의 스타 강사들이며 가입자들이 센터에서 직접 운동을 하는 느낌과 열기를 체험할 수 있도록 프로그램을 세심하게 녹화한다. 그리고 가입자들 역시 운동을 하면서 인터렉티브 방식으로 자신의 기록이나 느낌을 실시간 올릴 수 있고 강사들 역시 가입자의 이름을 외치면서 격려하기도 한다. 비록 교외의 외딴 아파트에서 혼자 운동을 하더라도 마치 뉴욕 맨하탄 스튜디오에서 수백 명의 사람과 함께 싸이클 페달을 밟는 느낌이 들 것이다. 혼자 운동하더라도 전혀 외롭지 않고 강사와의 친밀감뿐 아니라 직접 본 적은 없지만 같은 시간 운동하는 사람과도 끈끈한 동료애를 공유할 수도 있다.

실제 펠로톤을 이용하는 사람은 펠로톤과 같은 홈 트레이닝 서비스가 다음과 같은 장점이 있다고 말한다.[64]

---

63 출처: NASDAQ
64 Indoor cycling apps get leg-up from coronavirus shutdown, Reuters, 2020년 3월 21일

- 운동 시간과 환경을 자기 자신이 100% 컨트롤할 수 있음.
- 선택할 수 있는 프로그램들이 다양해 지루하지 않음.
- 비용 대비 경제성이 좋음. 초기 자전거 구입 비용이 비싸고 매달 구독료를 내야 하지만 피트니스 센터에 매달 회원료를 내는 것보다는 오히려 장기적으로 유리함.

현재 펠로톤과 비슷한 기능과 다양한 트레이닝 프로그램을 제공하는 홈 트레이닝 서비스들은 디지털 샌드백과 복싱을 연계한 파이트캠프 (Fightcamp), 디지털 기능이 탑재된 거울을 통해 요가, 필라테스 등의 프로그램을 제공하는 미러(Mirror), 스마트 근력 운동을 지원하는 토날(Tonal), 대당 약 1만 2,500달러(약 1,500만 원)의 프리미엄 실내용 자전거와 서비스를 제공하는 이탈리아 브랜드인 테크노짐(Technogym) 등 다양하며,[65] 이들 서비스들은 최근 빠르게 회원들을 모으고 있다. 당연히 이들 서비스의 핵심은 단순히 하드웨어만 공급하는 것이 아니라 가입자들이 현장에서 다른 사람과 함께 운동하고 있다는 열기를 디지털 콘텐츠를 활용해 전달하는 것이다.

비록 코로나19가 촉발하기는 했지만, 디지털 기술을 활용한 비대면 방식의 홈 트레이닝은 최근 10여 년간 꾸준히 발전해왔고 현재 폭발적인 확장세를 보이고 있다. 비대면으로 진행되지만, 스타 강사의 지도를 받으면서 피트니스 센터의 열기를 공유할 수 있다. 그리고 자신이 원하는 시간에 자신에게 맞는 프로그램을 선택할 수 있고 무엇보다 경제적이다. 이런 점들이 운동 애호가들을 피트니스 센터 대신 집안으로 끌어들이는 이유다.

---

65 Peloton, Mirror, FightCamp and a $12500 indoor bike: the best home gym equipment for your remote workout routine, Forbes, 2020년 3월 19일

비대면 비즈니스 트렌드

집안에서 즐기는 자전거 레이싱의 짜릿함: 즈위프트 사례

자전거와 관련된 두 번째 사례로 즈위프트라는 앱을 활용해 실외 레이싱 경주를 체험하는 비대면 스포츠 커뮤니티 활동을 살펴보자.

최첨단 자전거 하드웨어와 디지털 기술을 결합하면, 집안에서

투어드프랑스는 전 세계에서 가장 인기있는 자전거 레이싱 대회로, 매년 7월 3주간 프랑스에서 개최된다.

도 동호회 회원들과 같은 유니폼을 입고 장거리 레이싱을 경험할 수 있다. 원한다면 투어드프랑스(Tour-de-France)[66]와 같은 세계적 대회에도 참가해 자신의 한계에 도전할 수 있다. 철저한 비대면 방식으로 레이싱에 참석하지만 레이싱을 완주한 경험만은 다른 사람과 공유할 수 있다.

현실 세계에서의 스포츠가 디지털 가상 세계로 진입하고 있다. 즈위프트라는 앱을 노트북에 설치하고 와후(Wahoo)라는 회사에서 만든 첨단 실내용 자전거 장비를 설치하면, 집에서 세계에서 가장 빠른 싸이클 선수들과 함께 가상 투어드프랑스 대회에 참가하거나 철인 3종 대회의 싸이클 부문에 출전할 수 있다. 단순히 페달만 밟는 것이 아니라 즈위프트 앱에서 언덕 구간이 나오면 자전거가 자동으로 언덕 구간에 맞게 세팅돼 언덕을 오를 때의 어려움을 똑같이 구현해준다. 모니터에서는 자신뿐 아니라 같이 야외에서 투어를 하는 동호회 회원들의 모습들도 보이며 이들을 제치고

---

66 프랑스에서 1903년부터 개최된 프로 자전거 경주로 매년 7월 3주 동안 프랑스와 인접 국가를 일주하는 대회. 전 세계에서 가장 많은 관객 수를 보유한 프로 스포츠 중 하나다.

달려나가는 모습 역시 자연스럽게 볼 수 있다. 비록 실내에서 달리지만, 어느 순간 내가 투어드프랑스에 참가했다는 느낌을 받는다.[67]

오프라인에서만 가능하다고 생각했던 스포츠가 첨단 가상현실 프로그램을 통해 생생하게 구현되고 있다. 물론 위에서 말한 수준으로 모든 것을 생생하게 체험하려면 아직은 돈이 많이 든다. 와후에서 나온 장비들을 모두 갖추려면 약 5,000달러(600만 원) 정도가 들며 이러한 체험은 단순히 게임일 뿐이라는 반론도 없지는 않다. 하지만 프랑스가 코로나 때문에 봉쇄가 들어간 이후 7월 4일부터 가상 투어드프랑스 대회가 실제로 개최돼 세계적 선수들이 가상 대회에 참여했다.[68] 이들의 모습을 전 세계에서 유튜브 등을 통해 볼 수 있었다. 비록 가상의 대회였지만, 참가한 선수들과 이들을 지켜보는 관람객 모두 진지했다.

2014년에 창업한 즈위프트는 점차 자사의 프로그램을 단순히 온라인에서 진행되는 레이싱 플랫폼이 아니라 하나의 사회적 네트워크(Social Network)로 인식하고 있다. 즈위프트의 창업자인 에릭 민(Eric Min)은 "사람은 항상 서로 연결될 수 있는 새로운 방법을 찾고 있는데, 우리의 플랫폼은 그들에게 새로운 솔루션을 제공할 수 있습니다."라고 언급하면서, 소규모 모임, 즉 100명 미만의 사람이 쉽게 라이딩할 수 있는 코스들을 출시하기도 했다.[69] 즉, 운동 커뮤니티들이 가상 공간 안에서 같이 활동하고 땀 흘리면서 교감할 수 있는 환경을 만든 것이다. 이 모든 것들은 당연히 비대면 방식으로 진행된다. 물론 가끔씩 동호회 회원들은 실제로 밖에서 만나서 라이딩을 즐기겠지만, 아직까지 즈위프트를 이용하는 사람은 딱히 그럴

---

67 The Tour de France goes virtual, as e-cycling takes off during quarantine, Fast Company, 2020년 6월 29일
68 유튜브에서 'Virtural Tour de France'를 검색하면, 실제 선수들이 즈위프트 시스템을 이용해 가상 투어드프랑스 대회에 참가하는 모습을 볼 수 있다.
69 The Tour de France goes virtual, as e-cycling takes off during quarantine, Fast Company, 2020년 6월 29일

필요를 못 느끼고 있다.

펠로톤과 즈위프트의 사례는 오프라인 중심의 스포츠 활동이 어떻게 비대면 방식을 활용해 온라인 안으로 들어올 수 있는지를 잘 보여준다. 펠로톤과 즈위프트는 기본적으로 자전거라는 개인이 조정하는 장비를 활용해 비대면 스포츠의 새로운 가능성을 보여주고 있다. 야구, 축구, 농구 등과 같이 공을 이용해 여러 명이 동시에 해야 하는 구기 종목을 비대면 스포츠화하는 것은 분명 자전거보다 어려울 것이다. 좀 더 현실감 있는 증강현실 및 가상현실 기술이 필요하기 때문이다. 하지만 언젠가 조기 축구회의 멤버들이 비오는 일요일 아침에 방 안에서 헤드기어를 장착하고 축구를 하는 날이 올 수도 있다. 그렇다면 조기 축구회 멤버들은 반년에 한 번 정도 지역 예선에서 이겼을 때나 오프라인에서 만나 회식을 하지 않을까?

사례 3. 팬클럽과 뮤지션은 앞으로 어디서 만날까?(음악 및 예능 분야)

기존 대면 방식의 모임을 주도했던 또 다른 커뮤니티는 좋아하는 연예인 또는 스타들을 위해 모인 팬클럽이다. 열성적인 팬들은 자신들이 좋아하는 가수, 배우, 또는 스포츠 스타들을 직접 만나거나 후원하기 위해 팬클럽을 만들고 정기적으로 팬 미팅을 개최한다. 이러한 팬 미팅은 팬클럽이 후원하는 스타가 직접 참석해야만 의미가 있다. 스타가 참석해야만 좋아하는 스타를 직접 만나 사진을 찍고 사인을 받고 대화를 나눌 수 있기 때문이다. 하지만 이 역시 코로나19 때문에 많은 부분이 변화했다.

방탄소년단(BTS)은 지난 4월 '방방콘'이라는 온라인 행사를 개최했다. '방에서 즐기는 방탄소년단 콘서트'라는 의미의 방방콘은 기존 콘서트와 팬미팅에서 보여준 콘서트 등을 결합해 스트리밍 형식으로 제공한 행사인데, 재미있는 점은 방방콘을 집에서 보는 '아미'라 불리는 BTS 팬들은 블

루투스로 연결돼 음악에 맞춰 자동으로 색이 변하는 형광봉을 흔들면서 마치 다른 팬들과 함께 콘서트에 참여한 것 같은 기분을 낼 수 있다는 것이다.[70]

이러한 방식 외에도 좋아하는 스타와 영상통화를 하고 영상통화한 이미지에 스타가 직접 사인을 해주거나, 코로나 때문에 관객 없이 진행되는 프로 스포츠들이 랜선 응원을 도입해 팬들이 집에서라도 비대면으로 응원할 수 있는 등 다양한 형태의 비대면 방식을 활용한 커뮤니티 활동들을 볼 수 있다.

현재 팬데믹 상황에서 볼 수 있는 이러한 비대면 방식의 팬미팅과 랜선 응원들은 코로나19가 사라지거나 통제 가능한 수준이 될 경우 줄어들 것이다. 자신이 좋아하는 스타는 직접 만나야 하고 응원은 함께 어울려해야 더욱 즐겁기 때문이다. 하지만 최근 팬데믹 상황을 통해 팬미팅과 스포츠 응원 역시 비대면 방식을 적용할 수 있다는 사실을 확인할 수 있었다.

팬클럽뿐 아니라 음악이 만들어지는 방식 역시 비대면으로 빠르게 변화하고 있다. 음악을 작곡하고 연주하기 위해 예전처럼 어린 시절부터 함께 자라거나 지인의 소개를 받아 멤버를 구성해 밴드를 만들 필요도 없어졌다. 모든 것이 비대면 방식으로 연결돼 음악을 만들어 원격으로 서로 평가하고 편곡 및 작곡하고 이를 또 온라인에서 디지털 음원으로 판매해 돈을 벌 수도 있다. 이러한 비대면 방식의 음악 활동은 단순히 개인적으로 즐기는 취미 활동부터 프로 뮤지션의 월드 투어에 이르기까지 다양한 형태의 음악 활동에 영향을 주고 있다.

비대면 방식으로 밴드 활동을 시작한 슈퍼올가니즘[71]이라는 밴드가 있

---

70   BTS '방방콘, SM Beyond Live'…코로나19가 불러온 新공연문화, 조선일보, 2020년 7월 4일
71   슈퍼올가니즘은 '초유기체'라는 의미를 담고 있고 2019년 1월 내한공연을 했다.

다. 2017년 공식적으로 밴드를 결성한 슈퍼올가니즘은 현재 영국 런던에 기반을 둔 인디 밴드다. 밴드에는 총 8명의 멤버가 있는데, 일본인, 한국계 호주인, 미국인, 영국인, 뉴질랜드인 등 다국적 멤버들로 구성돼 있다. 음악적 성과도 분명해 2017년 발표된 싱글은 세계적 축구 게임인 FIFA에 수록되기도 했다.

슈퍼올가니즘은 2017년 밴드를 구성하기 전부터 비대면 방식으로 서로 친분을 쌓기 시작하고 음악적 취향을 맞춰왔다. 밴드 구성 전에는 멤버들이 미국, 영국, 호주 등 각기 다른 나라에 살면서 각자 음악을 작곡하고 데모 테이프를 만들었다. 하나둘씩 멤버들이 모이기 시작하고 밴드를 결성한 이후에나 런던에서 다 같이 모여 활동하기 시작했다. 8명의 멤버 중 4명은 에버슨(The Eversons)이라는 다른 밴드 활동을 병행하고 있다. 성별, 연령, 국적 등이 서로 다른 멤버들이 온라인에서 처음 만나 친분을 쌓고 계속 다른 멤버들을 추천하면서 하나의 음악 밴드를 만들었고 음악을 만드는 방식 역시 인터넷을 통해 음악적 아이디어를 누군가가 보내면 다른 멤버들이 음악에 대한 피드백을 주고 이러한 피드백들을 취합해 모든 멤버들이 만족할 때까지 계속 같은 방식으로 음악을 작곡해 나간다. 모임이 만들어지고 작품이 완성되는 모습을 보면 현재 진행되는 비대면 방식의 커뮤니티들이 나아가는 방향을 쉽게 볼 수 있다.

온라인 중심의 커뮤니티들은 현재 벌어지고 있는 비대면 방식의 변화에 쉽게 적응할 수 있다. 그렇다면 오프라인 중심의 커뮤니티들은 어떨까? 아무리 온라인을 통한 비대면 방식이 대세라고 해도 분명히 오프라인에서 직접 얼굴을 마주보면서 할 수밖에 없는 활동들도 존재한다.

이러한 활동은 야외에서 할 수밖에 없거나 아니면 여러 명이 모여 단체로 활동을 해야 하는 활동이다. 예를 들어, 야외에서 할 수밖에 없는 활동은 등산, 낚시, 골프 등과 같이 자연에서 해야 하는 활동이거나 자동차 세차와 같이 실외에서 할 수밖에 없는 활동이다. 여러 명이 모여야 하는 활동은 축구, 농구 등과 같이 팀을 이뤄 상대편과 경쟁하는 구기 종목들이다. 물론 요즘에는 실내 골프장이나 실내 낚시장도 있고 축구도 풋살 형태로 실내 축구장에서도 할 수 있다. 하지만 이들 활동을 하려면 우선 집밖으로 나가야만 한다. 이처럼 대면 접촉을 전제로 하는 활동은 상대적으로 비대면 트렌드의 영향을 적게 받는다. 하지만 영향을 적게 받는다는 것은 글자 그대로 상대적으로 적다는 것이지, 절대 영향을 안 받는다는 것은 아니다. 이제부터 비대면 방식이 오프라인 중심의 대면 커뮤니티 활동에 어떤 영향을 줄지 살펴보자.

목적지향적인 오프라인 커뮤니티

현재 코로나19가 오프라인 커뮤니티에 전달하는 메시지는 매우 간단하고 강력하다. '사람끼리 모이지 말라.'는 것이다. 하지만 인간은 사회적 동물이라 모여서 뭔가를 같이 하는 것을 좋아한다. 비록 코로나 때문에 앞으로 오프라인 커뮤니티는 줄어들 수밖에 없겠지만, 오프라인 커뮤니티가 없어지지는 않을 것이다.

하지만 예전과 차별화될 오프라인 모임들의 가장 큰 특징은 명확한 목적을 갖고 오프라인에서 만날 것이라는 점이다. 목적지향적 모임이 돼야 하는 이유는 명확하다. 코로나19 때문에 외부에서 만나는, 무엇보다 다수의 사람이 특정 장소에 모이는 것은 위험하기 때문이다. 이런 경우 바이러스 전파 가능성이 높아지고 만약 코로나가 전염이라도 된다면 사회적 물의를 일으키기 때문이다. 따라서 모임으로부터 얻을 수 있는 가치가 잠재

워시홀릭의 세차장 전경과 '세차문화공간'이라는 슬로건

적 위험 요인보다 커야 한다.

그리고 또 한 가지 중요한 요인은 오프라인, 즉 밖에서 만날 수밖에 없는 명확한 이유가 있어야 한다. 앞에서 살펴본 것처럼 자전거는 당연히 실외에서 타야 하지만 실내용 자전거들도 많이 있기 때문에 꼭 자전거 모임을 오프라인에서만 해야 하는지에 대한 의문을 제기할 수도 있다.

이런 관점에서 한 가지 재미있는 오프라인 커뮤니티를 찾아볼 수 있다. 정확하게는 커뮤니티를 위한 장소라고 볼 수 있다. 용인에 위치한 워시홀릭(Wash Holic)이라는 차량 세차 공간이다.

자전거와 마찬가지로 실내에서 할 수 있는 자동차 관련 가상 게임기들은 많다. 하지만 차량 세차는 실내에서 할 수 없다. 특히 제대로 세차 하려면 어딘가를 가야 하는데, 어차피 해야 하는 세차인데, 좀 더 재미있고 나에게 도움이 되는 장소에서 하면 안 될까? 이런 생각으로 워시홀릭이라는 장소가 만들어졌다.

워시홀릭은 한 마디로 카테인먼트, 즉 '카 + 엔터테인먼트'를 지향하는 공간이다. 자동차를 좋아하는 사람이 '세차'라는 목적을 갖고 오프라인에 모여 다른 사람과 즐거움을 나누는 활동을 한다. 차량을 세차하는 동안 차량 동호회 사람과 차에 대한 정보를 나누거나 함께 고기를 구워 먹기도 한다. 또는 차량 동호회 사람끼리 밤에 만나 파티를 즐기기도 한다. 최근에는 워시홀릭을 이용하는 동호회 사람의 특성에 맞춰 수입차들이 차량 시승회

워시홀릭 내부 시설물. 무인 편의점도 입점돼 있다.　워시홀릭에서 세차하는 모습

및 시운전을 할 수 있는 이벤트를 준비하기도 했다.

워시홀릭을 이용하는 커뮤니티 멤버에게 "왜 그런 커뮤니티 모임에 참석하느냐?"라고 물으면 "자동차 세차를 제대로 하려면 어디든 나가야 하고 그곳에 가면 다른 멤버들의 차를 직접 몰아볼 수 있으니까."와 같은 구체적인 대답을 들을 수 있다. 이처럼 향후에는 오프라인 모임을 가기 위해서는 명확한 목적과 이유를 갖고 있어야만 한다.

작지만 유대감 높은 커뮤니티를 선호하는 사람

향후 오프라인 커뮤니티의 두 번째 특징은 모임의 범위가 지역 또는 소규모로 줄어든다는 점이다. 이는 단지 물리적 범위만을 의미하는 것은 아니다. 코로나19를 통해 가족 및 지인들 그리고 자신과 가까이 있으면서 서로 도움을 주고받을 수 있는 사람을 중심으로 커뮤니티가 재구축되는 것이다. 글로벌 컨설팅 회사인 '액센츄어(Accenture)'는 이러한 현상을 '코쿠닝(Cocooning)'이라 정의하고 있다.

코쿠닝이라는 단어는 1981년 마케팅 및 트렌드 전문가인 페이스 팝콘(Faith Popcorn)이 사람들이 외부로부터 단절돼 마치 누에고치 안에 있는

누에고치(Cocoon)의 모양을 본따 만든 코쿤 체어.
코쿤은 개인적인 안락함과 보호의 의미를 갖고 있다.

것처럼 안전한 곳에 머물고 싶어 하는 트렌드를 설명하기 위해 사용했다. 액센츄어가 코쿠닝을 다시 인용한 이유는 사람이 집에서 더 많은 시간을 보내고 가까운 지역 커뮤니티와 관계를 더 증진시키면서 개인과 가까운 사람의 안전에 더 많은 시간과 비용을 지불하고 있기 때문이다.[72] 이러한 현상은 지난 3월 캐나다에서 처음 만들어져 세계적으로 확산된 '캐어몽거링(caremongering)'[73]이라는 단어와 맥락을 같이 한다. '돌봄 퍼뜨리기'[74] 정도로 번역 가능한 단어는 코로나19에 대항해 가까운 사람을 서로 챙기자는 의미로 사용된다.

마지막 특징은 오프라인 모임을 지향해도 비대면 방식의 디지털 기술 또는 첨단 장비들의 도움을 많이 받을 것이라는 점이다. 오프라인에서 만나 활동할지라도 온라인상에서의 활동은 점점 중요해질 것이다. 이미 카톡, 밴드 등 다양한 앱을 쓰고 있고 있는데, 이러한 현상들은 앞으로 세대와 연령에 상관없이 더욱 가속화될 것이다.

우리가 속해 있는 커뮤니티는 과거에도 중요했고 앞으로도 여전히 중요할 것이다. 개인 혼자서는 절대로 살아갈 수 없고 무엇보다 커뮤니티를 통해 소속감뿐 아니라 필요한 도움을 받아야 하기 때문이다. 하지만 커뮤니티의 형태는 계속 바뀔 것이다.

과거에는 가까운 곳에 사는 가족과 친지들 그리고 지역 사회가 커뮤니

72　Covid-19: 5 new human truths that experiences need to address, Accenture, 2020
73　Coronavirus: Kind Canadians start 'caremongering' trend, BBC, 2020년 3월 16일
74　'유언비어 또는 걱정 퍼뜨리기'의 의미를 지닌 'scaremongering'이라는 단어에서 S를 생략해 '돌봄'을 강조하는 'caremongering'이라는 단어를 만듦.

티의 전부였다면, 지금은 훨씬 더 넓은 범위에서 커뮤니티를 구성할 수 있다. 무엇보다 온라인과 디지털 기반의 비대면 방식의 커뮤니티가 중요한 역할을 할 것이다.

비대면 방식의 커뮤니티, 예를 들어 온라인에서 만나 운동을 하거나 종교 활동에 같이 참여하는 경우에도 간과하면 안 되는 것은 비대면일지라도 우리가 직접 만나 관계를 형성할 때 필요한 몇 가지 규칙은 동일하게 필요하다는 점이다. 상호간의 예의를 지키고 일정 이상의 선을 넘지 않고 커뮤니티의 목적에 충실하게 활동해야 한다. 이러한 몇 가지를 지키면서 비대면 커뮤니티 활동을 한다면 훨씬 다양하고 폭넓은 모임 활동을 할 수 있고 일상과 비즈니스 역시 좀 더 충실하게 살 수 있을 것이다.

4장에서는 우리의 일상생활에서 중요한 역할을 하는 여가 생활과 여행에 대해 살펴본다. 여가 생활과 여행에서도 비대면 방식은 점점 더 중요한 의미를 지닐 것이며 이들이 우리에게 어떤 영향을 미칠지도 함께 살펴보자.

04장

비대면이 바꾼 일상생활 2: 여가 생활의 미래

코로나19가 가져온 여가 생활의 변화

4장에서는 코로나 바이러스가 우리의 여가 생활, 여행 그리고 쇼핑활동 등에 어떤 영향을 미쳤는지를 살펴본다. 앞에서 이미 살펴본 것과 마찬가지로 여가 생활과 여행에도 비대면 방식이 빠르게 확산되고 있다. 여가 생활은 기본적으로 개인의 여유 시간을 좀 더 가치 있고 즐겁게 보내는 것을 의미하는데, 혼자 독서 또는 음악 감상처럼 개인적인 활동을 선택하지 않는 한, 대부분의 여가 생활은 다른 사람과의 교류를 중심으로 이뤄진다. 코로나19 때문에 다른 사람과의 만남과 교류를 중심으로 하던 여가 생활과 여행은 예전과 다른 변화를 겪을 수밖에 없다.

사람들은 캠핑과 같이 야외에서 다른 사람과 같이 즐기는 여가 생활을 좋아한다.

가장 대표적인 여가 생활인 여행을 생각해보자. 서울에서 속초로 가는 당일치기 여행이든, 서울에서 프랑스 파리로 가는 일주일간의 해외여행이든 집을 나서는 순간부터 무수히 많은 사람을 만나고 새로운 장소에 방문하게 된다. 이러는 과정에서 다수의 대면 접촉이 발생한다. 코로나 팬데믹은 여행이 갖고 있는 대면 접촉을 일시적으로 금지하고 있으며 사람 간의 접촉을 최소화할 수 있는 여행 트렌드를 찾을 것을 요구한다. 뒤에서 알아보겠지만, 실제로 '에어비앤비(airbnb)'에서는 성공적인 비대면 솔루션을 제공함으로써 여행을 못 떠나는 사람에게 새로운 체험을 제공하고 손님을 맞이하지 못하는 관광지의 사람에게는 새로운 수익 기회를 제공하고 있다.

여행뿐 아니라 오락, 스포츠 등의 여가 생활 역시 집이라는 한정된 공간에서 자기 혼자 또는 같이 사는 가족과 같이 즐기는 형태로 서서히 변화하고 있다. 하지만 즐거움과 재미는 다른 사람과 같이 나눠야 더 커지기 때문에 어쩔 수 없이 집에서 여가 생활을 하더라도 비대면 방식을 활용해 사람들과 자신의 즐거움을 공유하는 방향으로 변화하고 있다. 당연히 디지털 기술은 이러한 비대면 방식의 공유를 더욱 원활하게 할 수 있도록 도와준다.

이제부터 여가 생활과 여행 등이 비대면 방식을 활용해 어떻게 변화하고 있는지를 알아보자. 우선 집이라는 공간을 먼저 살펴보자. 최근 대부분의 여가 생활이 집이라는 장소를 중심으로 이뤄지기 때문이다.

집에서는 잠만 자나요?

"영국인의 집은 그 사람의 성이다(An Englishman's home is his castle)."라는 영국의 오래된 격언이 있다. 영국인에게 집이라는 장소는 마치 성벽처럼 자기 자신을 보호해주는 장소이

영국 중세에 지어진 아룬델 성(Arundel Castle). 코로나 팬데믹 속에서 집에서라도 안전하게 머물고 싶다.

자, 자신이 왕처럼 원하는 것을 다 할 수 있는 장소라는 것을 의미한다. 코로나 팬데믹 시대에 우리가 집에 원하는 바를 이처럼 잘 묘사한 표현도 없을 것 같다.

코로나19의 전염을 막기 위한 최선의 방법은 사람과 사회적 거리두기를 하는 것이다. 주중에는 재택근무와 온라인 수업을 통해 직장과 학교 대신 집에서 대부분의 시간을 보내는 사람도 크게 증가했고 주말에는 꼭 필요한 경우가 아니면 주말 외식이나 여행을 자제하는 분위기다.

하지만 모든 사람이 집에서 머무는 시간이 길어진 것을 환영하는 것은 아니다. 평소에 활동적인 사람은 집에만 머물러야 한다는 사실을 받아들이기 힘들어한다. 만약 14일 동안 강제적 자가격리를 하게 되면 집은 일종의 감옥으로 바뀌게 된다. 집에 있기 싫어하는 사람은 어떻게든 집에서 좀 더 재미있거나 덜 심심하게 지낼 방법을 찾게 된다.

반면, 집에서 재택근무를 하는 것이 더 편한 사람도 있다. 이들에게는 집은 다른 사람과의 불필요한 만남을 차단해주는 성벽이다. 이들은 모처럼 집에 있는 시간을 활용해 자신만의 성벽을 더 편리하고 아름답게 꾸미고 싶어한다. 지금부터 이들이 집을 어떻게 꾸미고 활용하고 있는지 살펴보자.

집에 대한 첫 번째 변화: 작지만 나만을 위한 공간

이러다 보니 집과 관련해 나타난 첫 번째 특성은 '작더라도 나만을 위한 공간을 갖고 싶다.'는 것이다. 별도의 공간 확보가 어렵다면 최소한 나만을 위한 인테리어라도 하고 싶어한다.

코로나 팬데믹 이후 기존의 침실과 거실, 화장실과 주방 등으로 나눠지던 집 구조에서 이제는 재택근무가 가능한 공간이 추가로 필요하게 됐다. 만약 집에 남는 방이 있어서 서재로 사용하는 집이라면 별 문제 없겠지만, 대다수의 집들은 방이 넉넉하지 않다. 따라서 코로나19 때문에 갑작스럽게 재택근무를 하게 된 사람 대부분은 재택근무를 위한 공간 마련이 쉽지 않다. 자녀들이 학교에 가면 애들 방에서라도 재택근무를 할텐데, 자녀들 역시 온라인 수업을 듣기 때문에 집안에서 한 쪽에서는 재택근무, 다른 쪽에서는 온라인 수업을 듣는 광경을 흔히 보게 됐다.

하지만 집은 쉽게 바꾸거나 살 수 있는 물건도 아니고 이사를 하거나 인테리어를 바꾸는 작업 역시 큰 돈과 장기적 계획 그리고 꽤 많은 고민이 필요하다. 따라서 지금 당장 집을 위해 할 수 있는 것은 당장 해야 하는 재택근무나 온라인 수업을 위해 가구의 위치를 바꾸거나 집안의 인테리어를 조금씩 바꾸는 것이다.

몇 가지 예를 들어보자. 재택근무 중 모니터를 통해 다른 사람에게 보여지는 부분들의 인테리어 소품을 바꾸기만 하더라도 큰 차이를 가져올 수 있다. 또는 집안에 있는 자투리 공간들을 적극적으로 활용할 수도 있다. 집안을 대청소하면서 불필요한 물건들을 처분하거나 옮기기만 하더라도 넉넉한 자투리 공간을 얻을 수 있다. 다음 그림과 같이 자투리 공간에 책상을 갖다 놓고 재택근무용 공간으로 사용할 수도 있고 아니면 요가 매

낡은 창문 주변을 개조한 휴식 공간

재택근무 위한 공간

자신만을 위한 방구석 독서 의자

트나 독서의자 또는 미니 바(Bar) 등을 설치해 나만의 취미 공간으로 꾸밀 수도 있다.

실제로 한샘은 2020년 2분기 온라인 부문의 매출은 전년 동기 대비 35% 그리고 가구 부문 매출은 21% 성장했는데,[75] 한샘의 이러한 성장은 소위 집콕족들이 집에 있는 시간이 증가해 가구 및 인테리어에 대한 수요가 증가했기 때문이다. 또한 매출이 크게 증가한 온라인 부문은 가구나 인테리어 소품 역시 직접 매장에서 보지 않고 구입하는 비대면 방식의 쇼핑을 하고 있다는 것을 보여준다. 또한 SSG닷컴이 2020년 2월 1일에서 4월 12일까지 약 2달 동안 홈 인테리어 관련 매출을 분석한 자료를 보면, 개인이 직접 인테리어를 하는 DIY(Do It Yourself) 관련 매출이 120% 크게 증가했는데, 조명 관련 매출이 37%, 벽에 붙이는 액자와 시트지는 25%가 각각

75 한샘, 코로나 속 호실적…2분기 영업익 전년 대비 172% 증가, 조선일보, 2020년 7월 8일

증가했다.[76] 이러한 구매 패턴은 큰 돈을 들이지 않고 자기 혼자 인테리어를 조금 고쳐서 좀 더 쾌적하고 분위기 있게 지내고 싶다는 트렌드를 반영한다.

집에 대한 두 번째 변화: 집에서 즐기는 다채로운 취미활동

두 번째 특성은 여가 생활이 가능한 집을 찾기 시작한 점이다. 당연히 음악, 독서, 요리 등과 같은 취미생활은 지금 살고 있는 집에서도 얼마든지 할 수 있었다. 하지만 코로나19 때문에 집에 있는 시간이 더 길어지자, 좀 더 활동적인 취미생활을 원하는 사람이 증가하기 시작했다. 가장 대표적인 예가 정원 가꾸기, 화단 가꾸기다. 코로나 팬데믹 이전이라면 집 앞의 텃밭을 가꾸거나 공원을 산책하면 다양한 식물을 볼 수 있었지만, 지금은 예전처럼 밖에 나갈 수 없는 상황이기 때문에 집안에서라도 자연과 가깝게 지내고 싶어한다.

최근에는 '홈 가드닝(Home Gardening)'이라는 명칭으로 집에서 다양한 식물들을 키우는 것을 볼 수 있다. 먹을 수 있는 채소나 과일, 난과 같은 관상용 화초, 공기정화 식물 등 종류에 상관없이 다양한 식물을 집에서 키우고 이들을 온라인 커뮤니티에서 서로 공유하고 있다. 심지어 '반려식물'이라는 용어도 등장했다. 실제로 홈 가드닝 관련 매출은 금년 2월 대비 4월에 148% 증가했는데, 토양과 씨앗 매출이 각각 174%, 127% 증가했고 홈 가드닝 입문자들을 대상으로한 '가드닝 키트' 역시 많이 팔렸다.[77] 이러한

---

76   홈 가드닝, 홈 오락실…코로나19에 진화하는 '집콕 쇼핑', 헤럴드경제, 2020년 4월 14일
77   위 신문 자료

홈 가드닝은 코로나 팬데믹 시대에 인기 있는 여가 생활이다.

현상은 한국에만 국한되지 않는다. 전 세계가 홈 가드닝에 열중하고 있다. 특히 주목할 만한 점은 이러한 홈 가드닝 역시 개인 혼자 즐기는 취미 활동으로 끝나지 않고 다른 사람과의 커뮤니티 활동으로 확장된다는 점이다. 미국 일리노이 주에서 홈 가드닝을 하는 멜라니 피트먼은 지역 공동체와 정보를 계속 공유하면서 자신들이 키우는 채소들이 주변 사람이 키우는 채소들과 겹치지 않도록 노력하고 있다. 집에서 키운 토마토와 당근 등을 서로 나눠 먹기 위해서다.[78] 이러한 활동을 향후 비대면 방식으로 온라인을 활용해 동일한 지역에서 더 깊이 있게 운영할 수도 있을 것이다. 최근 한국에서 유행하는 당근마켓과 같은 지역 기반의 앱을 이용해 직접 키운 채소와 과일들을 동네 주민들끼리 교환하는 방법도 검토해볼 수 있다.

홈 가드닝을 위한 비대면 방식의 온라인 교육들도 이뤄지고 있다. 서울디자인재단은 4월부터 1회 약 15~20분 분량의 온라인강좌 '머물고 싶은

78 Home gardening blooms around the world during coronavirus lockdowns, Reuters, 2020년 4월 20일

집, 홈가든 디자인'이라는 온라인 강좌를 열었다.[79] 해외에서도 가드닝 관련 다양한 온라인 수업을 볼 수 있다. 미국 오하이오 주에서는 오하이오주립대학과 연계해 가드닝 전문가들이 온라인으로 지역 주민들에게 식물을 키우고 관리하는 방법에 대한 비대면 강좌를 운영하고 있고,[80] 런던에서는 대면 판매를 중심으로 하던 꽃가게와 정원 용품 가게들이 온라인을 적극 활용해 소비자들과 소통하면서 홈 가드닝 시장을 이끌고 있다.[81]

집안을 좀 더 다양하게 활용하고 홈 가드닝 등과 같은 취미생활을 집에서 본격적으로 즐기기 위해서는 큰 집으로 이사를 가거나 정원이 있는 단독주택으로 이사하는 것도 고려할 수 있다. 실제로 미국에서는 뉴욕 도심의 집값이 코로나 때문에 하락하고 교외의 집값이 올랐다는 기사도 종종 볼 수 있다.[82] 집값은 집의 가치를 평가하는 중요한 척도이지만, 다양한 요인들이 장기적으로 작용하므로 집값만으로 코로나 팬데믹이 집 구매 트렌드에 가져온 영향력을 파악할 수는 없다. 다만, 코로나 팬데믹이 지속된다면 집에서 재택근무를 더 편하게 하기 위해, 좀 더 쾌적한 여가 생활을 하기 위해 도심 외곽으로 이사를 가더라도 좀 더 넓은 집에 대한 수요가 증가할 수 있다.

이제부터는 집안에서 우리가 즐길 수 있는 다양한 여가 생활이 비대면 방식을 활용해 어떤 식으로 변화하고 있는지 살펴보자.

---

79 코로나에 지친 마음 '반려식물'로 달랜다…세계는 홈 가드닝 붐, 중앙일보, 2020년 4월 27일
80 Virtual gardening classroom connects experts to growing audience, Ohio State University, 2020년 4월 28일
81 Coronavirus: Garden centres switch to virtual personal shopping, BBC NEWS, 2020년 4월 3일
82 Robert Shiller warns that urban home prices could decline, CNBC, 2020년 7월 13일

가족오락관의 부활

'가족오락관'이라는 텔레비전 예능 프로그램이 있었다. 1984년부터 시작해 2009년에 종료됐으니 25년 정도의 역사를 지닌 아주 오래된 프로그램이다. 가족오락관이라는 이름처럼 온 가족이 모여 부담없이 즐길 수 있는 건전한 오락을 제공하는 것이 목적이었다. 한때는 모든 연령층이 함께 보는 프로그램이었지만, 점차 다양한 텔레비전 및 케이블 프로그램들이 나오고 시청자들이 세분화됨에 따라 중·장년층을 위한 프로그램으로 인식됐고 결국 서서히 존재감을 잃고 종방됐다. 종방 이후 약 10년이 흐른 후 가족오락관이 부활했다. 비록 텔레비전 프로그램으로 살아난 것은 아니지만, 우리가 살고 있는 집에서 날마다 가족오락관이 펼쳐지고 있는 것이다.

앞에서 살펴본 것처럼 우리가 살고 있는 집의 용도가 변화하고 있다. 집은 안전하게 먹고 잘 수 있는 장소에서 코로나 팬데믹 이후 여가 생활까지 가능한 장소로 확장되고 있다.

대다수의 한국인은 서울, 부산과 같은 대도시에서 아파트와 같은 공동주택에서 살고 있다. 땅이 좁고 인구가 도시에 밀집돼 있기 때문에 어쩔 수 없는 상황이지만, 공동주택에 살기 때문에 전원주택이나 타운하우스 대비 개인과 가족이 누릴 수 있는 여유 공간은 좁을 수밖에 없다. 다행히 일본 도쿄 대비 한국 서울의 주택 상황은 좋은 편이라고 하지만, 공동주택에 살면서 미국이나 유럽에 있는 집들처럼 지하실이나 차고를 개인의 취미생활 공간으로 쓸 수 있는 사람은 많지 않다. 집을 꾸미거나 인테리어를 할 때는 어쩔 수 없이 가족 수에 맞게 방을 꾸미고 주방, 거실, 베란다 등은 기능에 충실하게 인테리어를 했다. 만약 방이 하나라도 남아 서재 또는 옷방으로 꾸밀 수 있다면 더할 나위 없이 좋은 경우일 것이다.

하지만 코로나19 때문에 집안에 있는 시간이 길어짐에 따라 집에서 할 수 있는 오락거리를 찾는 사람이 점점 많아지고 있다. 어떤 오락거리들은 별도의 장비 설치나 인테리어 변경 없이 가능한 것들도 있지만, 어떤 것들은 과감한 투자가 필요한 것들도 있다. 지금부터 최근 집안에서 많이 하는 오락거리 또는 여가 생활 활동에 대해 살펴보자. 특히 이러한 여가 생활이 비대면 방식을 적절히 활용해 사회적 활동으로까지 확장되고 있다는 점 역시 확인할 것이다. 이제부터 살펴볼 네 가지 사례는 집안에서 비대면 방식으로 즐길 수 있는 여가 생활의 방식이다.

사례 1. 나 혼자 즐기는 방구석 극장
사례 2. 닌텐도 게임기 안에서 우리 결혼해요.
사례 3. 집에서 즐기는 새로운 요리 방식
사례 4. 비대면 시대를 알리는 온라인 쇼핑 트렌드

먼저 가장 개인적인 활동이라 볼 수 있는 미디어 콘텐츠, 즉 방송 프로그램을 어떻게 즐기는지 살펴보자.

사례 1. 나 혼자 즐기는 방구석 극장
최근 몇 개월간 영화관에 가본 적이 없다. 앞으로도 한동안 영화관에 갈 것 같지는 않다. 아마도 뮤지컬이나 연극 역시 보러 가지 않을 것이다. 이 모든 것이 코로나19 때문이다. 사회적 거리두기를 위해 최대한 집 밖에서의 문화생활은 피하고 있다. 하지만 아쉽거나 심심하지는 않다. 나에게는 방구석 극장이 있다. 집안에서 언제나 내가 원할 때 내가 원하는 자세로 내가 원하는 콘텐츠를 볼 수 있다. 안전할 뿐 아니라 경제적이다.

앞에서 말한 내용은 최근 집에서 공중파, 케이블 방송, OTT 등을 이용해 다양한 콘텐츠를 즐기는 사람을 묘사한 것이다. 공중파와 케이블에서는 다양한 드라마가 계속 쏟아져 나오고 최근에는 넷플릭스, 디즈니 플러스 등으로 대변되는 OTT를 통해 자신이 좋아하는 콘텐츠를 저렴하게 볼 수 있다. 불과 십여년 전만 하더라도 어둠의 경로로 미드(미국 드라마)를 다운로드해서 봤던 것에 비하면 많은 것이 편리하게 변했다.

OTT는 인터넷망을 통해 콘텐츠를 전송하고 가입자들은 스마트폰, 노트북 그리고 집에 있는 스마트TV를 통해 자신이 원하는 콘텐츠를 볼 수 있다. OTT의 절대 강자인 넷플릭스는 코로나 팬데믹 이후 한국뿐 아니라 세계적으로 가입자들이 꾸준히 증가하고 있다.

넷플릭스에 대해 간략하게 살펴보자. 흔히 'OTT = 넷플릭스'라는 생각이 들 정도로 넷플릭스의 브랜드 파워가 높지만, 넷플릭스는 무수히 많은 OTT 서비스 중 하나다. 미국에는 약 190개의 OTT 서비스 제공사들이 있고 이중 넷플릭스, 디즈니 플러스, 훌루(HULU) 등의 소수의 서비스들만 다수의 소비자들이 시청하고 있다. 미국에만 190개의 OTT 서비스들이 있는데, 유독 넷플릭스가 가장 많은 가입자와 유명세를 갖고 있는 이유는 무엇일까?

미국에는 약 1억 2,800만 가구가 있는데, 이중 6,000만 가구, 즉 전체 가구의 약 절반이 OTT 서비스를 이용 중이다. 이 중에서 87%, 즉 약 5,200만 가구가 넷플릭스를 시청 중이다. 중요한 점은 미국에 있는 190개 OTT 서비스들이 대부분 미국 국내 시청자를 대상으로 하고 있지만, 넷플릭스만은 전 세계를 대상으로 콘텐츠를 제공한다는 것이다. 영어권 국가의 OTT 가입자의 70~87%가 넷플릭스를 구독 중이며 비영어권에서는

전통적 방송사들과 경쟁하는 넷플릭스

55~64%의 가입자들이 넷플릭스를 이용 중이다.[83] 2020년 1분기 넷플릭스 전 세계 구독자는 전년 동기 대비 23% 증가한 1억 8,000만 명 수준이다.

한국에서도 넷플릭스의 위력은 대단하다. 2020년 4월 기준으로 약 272만 명의 유료 가입자를 보유하고 있는데, 이는 2018년 동기 대비 약 9~10% 증가한 수치다. 가입자 중 20대가 39%, 30대가 25%를 차지해 전체 가입자 중 약 64%를 차지하고 있고 1인당 월평균 사용료는 13,287원 수준이다. 넷플릭스 가입자 한명 당 총 4명까지 이용할 수 있으므로 실제 넷플릭스 이용자는 대략 600만 명 정도로 추정된다.[84] 한국의 가구 수가 약 2,050만[85]이므로 현재 유료가입자가 가구를 대표해 넷플릭스를 구독하고 있다면, 전체 가구의 약 13%만 현재 넷플릭스를 가입했다고 볼 수 있다. 한국에서 넷플릭스가 성장할 여지는 여전히 많을 것 같고 조만간 우리

83   Netflix: Coronavirus cements the company as untouchable, Forbes, 2020년 4월 25일
84   넷플릭스, 2년새 가입자 10배로 조선일보, 2020년 4월 28일
85   출처: 통계청, 2018년 기준으로 총 20,499,543가구다.

비대면 비즈니스 트렌드

가 친구들에게 "재미있는 영화나 드라마 추천해줘."라고 하는 대신 "재미있는 넷플릭스 추천해줘."라고 말하는 것이 일상화될 수도 있을 것이다.

넷플릭스를 다소 길게 설명한 이유는 사람이 넷플릭스를 많이 본다는 단순한 이유 때문만은 아니다. 넷플릭스, 웨이브(WAVVE)와 같은 OTT 서비스가 향후 집에서 가장 많이 이용할 여가 생활의 중심이기 때문이다. 예선에는 1개, 많아야 두개의 텔레비전을 이용해 몇개의 채널과 프로그램을 서로 보려고 가족들이 리모콘을 두고 싸웠지만, 지금은 넷플릭스만 가입하면 온 가족이 자신이 원하는 프로그램을, 자신이 원하는 장소에서, 자신이 원하는 방식으로 볼 수 있다. 집안에서 가족 개개인의 공간이 더욱 중요해질 수밖에 없다.

재미있는 부분은 넷플릭스 같은 콘텐츠를 보는 방식이 점차 양극화되고 있다는 점이다. 한편에서는 넷플릭스 등의 콘텐츠를 거실에서 더 큰 화면으로 화질과 음향을 더 좋게 보려고 한다. 실제로 미국에서는 최근 베스트바이와 같은 가전 유통업체에서 삼성전자와 LG전자의 55인치, 65인치 등의 대형 TV가 품절되기도 했다. 가격 할인을 아주 많이 하는 블랙프라이데이(Black Friday)도 아닌 계절에 대형 TV가 품절되는 현상은 쉽게 볼 수 있는 것은 아니다.[86] 초대형 프리미엄 TV에 대한 수요 증가는 미국뿐 아니라 한국, 중국 등 대부분의 나라에서 비슷하게 나타난다. 실제로 넷플릭스와 같은 OTT 가입자들의 70%는 가입 후 반년 내에 OTT를 거실 내 TV에 연결해 보는 것으로 나타났다.[87] 거실에서 좋은 설비로 TV나 OTT 프로그램을 보려는 사람은 프로그램을 보는 순간의 경험 및 환경을 개선해 최고의 순간을 즐기고 싶어하는 사람이다.

---

86 삼성-LG, 베스트바이서 55, 65인치 TV 품절… 코로나 보복 소비로 TV 시장 부활, 전자신문, 2020년 7월 15일
87 이왕이면 크게 볼란다…집콕 늘자 대형 TV 인기, SBS, 2020년 7월 6일

반면, 자기 방에서 스마트폰 또는 노트북으로 원하는 콘텐츠를 보는 사람은 편의성을 우선시하는 경향이 있다. 이들은 방안에서 작은 화면과 무선 이어폰을 통해 편하게 콘텐츠를 소비한다. 또한 하나의 콘텐츠를 보면서 다른 디바이스, 예를 들어 노트북으로 넷플릭스를 보면서 스마트폰의 카톡을 이용해 친구들과 실시간으로 자신이 생각을 공유하고 서로의 의견을 나눈다. 친구들 또는 같은 커뮤니티의 멤버들과 비록 같은 장소에 있지는 않지만, 서로의 체험을 공유할 수 있다. 즉, 친구들과 비대면 방식으로 체험을 공유하는 것이다.

텔레비전이 보편화됐을 때, 많은 사람은 영화관의 종말을 예언했다. '집에서 편하게 영화 또는 드라마를 볼 수 있는데, 굳이 불편하게 영화관에 가느냐'라는 의견이 지배적이었다. 물론 초기 텔레비전 방송의 열악한 품질은 고려하지 말자. 하지만 영화관은 텔레비전에 상관없이 계속 발전할 수 있었다. 왜냐하면 영화관에 가서 영화를 보는 것은 사회적 행동이기 때문이다. 친구와 연인, 가족들끼리 영화관에 가서 팝콘을 먹고 영화를 같이 보고 저녁까지 먹고 오는 것 자체는 그 당시 거실에 있는 텔레비전이 대체할 수 없는 활동이었다.

하지만 넷플릭스와 같은 OTT를 집에서 보는 활동은 과거와 달리 비대면 방식의 사회적 활동을 병행할 수 있다. 소위 '랜선 모임'을 통해 방구석에서 넷플릭스의 최신 드라마를 보면서 친구들과 실시간 의견을 나눌 수 있다. 오직 필요한 것은 랜선 모임에 속한 친구들과 영화를 보는 시간을 조율하는 것이고 간단한 간식거리만 있으면 된다. 비록 친구들과 팝콘을 나눠 먹지는 못하지만 실시간으로 얼마든지 다양한 느낌과 감정을 공유할 수 있다. 만약 필요하다면 배달 앱을 통해 요즘 가장 핫한 음식을 배달시켜 먹으면서 넷플릭스를 시청할 수도 있다. 텔레비전 전성 시대에도 영화관은 살아남았지만, 코로나19에 상관없이 비대면 시대에도 영화관은 계속 살아남을 수 있을까? 아마 쉽지는 않을 것이다.

사례 2. 닌텐도 게임기 안에서 우리 결혼해요.

집에 머무는 시간이 늘어남에 따라 최근 각광을 받게 된 제품은 닌텐도, 플레이스테이션 같은 비디오 게임기들이다. 특히 얼마 전에는 닌텐도에서 출시된 '모여봐요, 동물의 숲'이라는 타이틀이 엄청난 인기를 끌기도 했다. 실제로 닌텐도는 2020년 1분기에는 전년 동기 대비 기기는 30.4%, 게임 타이틀은 57.5% 더 판매한 것으로 나타났다.[88] 닌텐도뿐 아니라 올해 출시될 소니의 플레이스테이션 5 역시 생산량을 목표 대비 50% 높게 잡고 있다.[89]

집에 있는 시간을 좀 더 재미있게 보내기 위해 게임기를 사는 것은 별로 놀랄 만한 일도 아니다. 하지만 닌텐도의 '모여봐요, 동물의 숲'과 같은 게임들은 비대면 방식의 새로운 사회 활동의 가능성을 보여줬다. 몇 가지 예를 살펴보자.

지난 3월 미국 뉴저지에 살고 있는 28살 아샤(Asha)는 친구들에게 깜짝 메일을 보냈다. 자신과 남자친구가 결혼식을 하니 참석해 달라는 메일이었다. 놀랍게도 결혼식은 '모여봐요, 동물의 숲'에서 이뤄진다는 점이다. 원래 5월 뉴욕에서 결혼식을 하려고 했지만, 코로나19 때문에 실제 결혼식 행사는 취소됐다. 더욱이 의사인 아샤는 환자들을 떠나 다른 곳에서 결혼식을 할 수 있는 여유도 없었다. 그래서 남자 친구와 아샤, 그리고 친구들이 함께 즐기는 게임인 '모여봐요, 동물의 숲'에서 가상의 결혼식을 하겠다

---

88 코로나 덕에 역주행⋯닌텐도 스위치 1분기 판매량 30% 껑충, 한국경제신문. 2020년 6월 12일
89 코로나 집콕족 잡아라.. 소니. 플레이스테이션5 생산50% 확대, 조선일보, 2020년 7월 15일

는 아이디어를 냈다. 당연히 많은 친구가 게임 속으로 들어와 결혼식을 축하해줬다.

게임 속의 가상의 커뮤니티가 '모여봐요, 동물의 숲'처럼 아기자기한 것만은 아니다. 격렬하게 총을 쏘고 상대방을 죽여야 하는 총쏘기 게임 속에서도 얼마든지 비대면 방식의 커뮤니티 활동이 있을 수 있다. 미국 게임회사인 EA에서 출시한 '어펙스 레전드(Apex Legends)'를 즐기는 미국인 로메오(Romeo)는 게임 내에서 같이 팀 플레이를 하는 친구의 졸업식을 축하하기 위해 게임 안에서 졸업 축하 행사를 준비했다. 격렬하고 빠르게 움직여야 하는 게임 안에서 졸업식 축하 행사는 하는 것은 쉽지 않았고 축하 행사를 준비하는 과정 중에서 게임 속 캐릭터가 여러 번 죽기도 했다. 하지만 마침내 게임 안에서 폭탄과 총소리 등을 이용해 졸업 축하 행사를 마쳤고 게임 안에 있던 다른 모든 게이머들이 함께 축하해주고 농담을 주고받았다.[90]

비디오 게임은 한때 혼자서 즐기는 게임이라는 인식이 강했다. 하지만 지금은 비디오 게임 역시 인터넷을 연결해 얼마든지 비대면 활동을 할 수 있다. 게임 내에서의 비대면 활동은 우리가 PC방에 가지 않더라도 얼마든지 다른 사람과 커뮤니티를 형성하고 다양한 활동을 할 수 있다는 것을 보여준다. 만약 기업들이 게임 내에서의 비대면 커뮤니티를 구성하거나 브랜드를 알릴 수 있는 장치를 게임 내에서 운영한다면 어떨까? 스타크래프트와 같은 e스포츠를 후원하는 방식 이외의 다양한 마케팅 활동이 가능할 것이다.

이번에는 게임이나 TV 시청과 같은 정적인 여가 생활 대신 좀 더 활동적인 여가 생활을 살펴보자.

---

90   People are holding video game wedding and graduation ceremonies, CNN, 2020년 3월 27일

사례 3. 집에서 즐기는 새로운 요리 방식

운동뿐 아니라 요리 분야에서도 새로운 변화가 일어나고 있다. 집에 머무는 시간이 길어짐에 따라 집에서 더 편하게 그리고 더 맛있게 음식을 먹고자 하는 욕구가 증가했다. 방송은 소비자의 이러한 마음을 재빨리 파악해 다양한 프로그램을 방영하기 시작했다.

먼저 온라인으로 주문하는 음식배달 트렌드를 활용해 프로그램을 제작해 방영하기 시작했다. '배달해서 먹힐까?'라는 프로그램에서 샘킴 셰프는 파스타, 피자 등의 음식들을 온라인으로 주문받아 바로 요리한 후 배달전문 라이더들을 이용해 음식을 배송한다. 이 과정에서 주문자들은 샘킴 셰프가 요리했다는 사실은 모른다. 이 프로그램에서 제일 재미있는 장면은 주문자들이 스마트폰 또는 노트북의 카메라 앞에 모여 마치 화상 회식을 하듯 자신들이 주문한 음식을 보여주고 음식을 맛보면서 음식에 대해 말하고 서로 다양한 주제로 대화를 하는 장면이다. 비대면 방식이 적용된 일종의 미래형 모임 형태를 볼 수 있었다.

비대면 방식을 적용한 또 다른 요리 프로그램은 MBC에서 방영하는 백종원의 '백파더: 요리를 멈추지마!'와 요리 전문 채널인 올리브에서 방영하는 '집쿡 라이브' 등이다. 이들 프로그램은 방송에서 전문가들이 방송에 비대면 방식으로 참여하는 사람과 쌍방향 소통을 하면서 요리를 가르쳐주는 포맷을 갖고 있다. 시청자들의 의견이 실시간으로 화면에 올라오고 백종원을 비롯한 전문가들은 이들의 의견을 적극적으로 반영하고 있다.

실제로 이런 방송 포맷은 과거에 MBC에서 방영한 '마이리틀텔레비전'과 비슷하다. 하지만 최근에는 방송에 참여하는 사람의 모습이 함께 나오면서 화상회의와 같은 느낌을 좀 더 생생하게 전달하고 있다. 무엇보다 현재 방영되는 포맷들은 지금 우리가 집에서 비대면으로 하는 활동들을 잘

밀 키트 안에는 요리에 필요한 모든 재료와 요리법이 들어 있다.

보여주므로 더 많은 공감대를 형성할 수 있다. 단, 방송의 재미와 흥행 여부는 다른 문제다.

요리와 관련된 또 다른 변화는 밀 키트(Meal Kit)의 증가세가 눈에 띈다는 점이다. 밀 키트는 정해진 요리를 할 수 있는 식재료들과 양념, 요리법 등을 일괄 포장해 소비자에게 판매하는 일종의 간편식인데, 소비자는 밀 키트를 활용해 약 30분 정도 직접 요리를 해 맛있는 식사를 준비할 수 있다. 떡볶이 밀 키트는 올해 3~4월 동안 판매량이 전년 대비 282%, 곱창·막창 밀 키트는 200% 증가했다.[91]

커피머신 역시 최근 소비자들이 많이 찾는 제품이다. 역시 3~4월 판매량이 전년 동기 대비 165% 증가했다. 밀 키트는 집에서 삼시세끼를 다 해 먹어야 하기 때문에, 커피 머신은 커피를 마시기 위해 카페에 갈 수 있는

91 CJ대한통운 빅데이터로 관찰한 일상생활리포트 PLUS, CJ대한통운, 2020년 6월

기회가 줄어들었기 때문이다.

물론 지금 살펴본 요리 프로그램과 밀 키트 등은 코로나19가 완전히 종식된다면 유행이 한 번에 끝날 수도 있다. 최근 급격히 성장하는 밀 키트를 다시 한 번 살펴보자. 밀 키트는 코로나 때문에 갑자기 나온 제품이 아니다. 미국에서는 블루에이프론(Blue Apron), 헬로프레쉬(HelloFresh), 퍼플 캐롯(Purple Carrot) 등 다양한 밀 키트 회사들이 서비스를 제공하고 있고 한국 역시 최근 1~2년 사이에 CJ제일제당 등의 대기업들이 시장에 참여하면서 꾸준히 성장하고 있다. 밀 키트 시장은 최근 코로나 팬데믹을 맞아 급격히 성장했다. 따라서 밀 키트처럼 최근 단기간에 떠오른 제품군들이 앞으로도 지속 가능할지에 대해 많은 사람이 의문을 제기하는 것도 사실이다.[92]

하지만 소비자들이 밀 키트와 같은 제품군의 편의성을 이미 받아들였기 때문에 밀 키트처럼 비대면 시대에 적합한 상품은 앞으로도 지속 가능할 것이다. 또한 최근 집에서 혼밥을 하는 사람이 증가함에 따라 밀 키트와 같은 제품에 대한 수요는 지속될 것이다.

사례 4. 온라인 쇼핑이 추천하는 재택근무용 패션 스타일

최근 한국인들의 온라인 쇼핑 트렌드를 살펴보면 우리가 얼마나 빠르게 비대면 상황에 적응하고 있는지를 알 수 있다. 먼저 온라인 쇼핑의 매출 동향부터 살펴보자.

최근 온라인 쇼핑의 매출액을 살펴보면, 온라인 쇼핑이 2020년 들어 더욱 빠르게 성장하는 것을 볼 수 있다. 2020년 1월 온라인 쇼핑은 전년 대비 14.8% 성장했고 2월 온라인 쇼핑은 전년 대비 24.5% 성장해 가장 높은

---

92 Meal kits had their chance, Covid-19 has given them another one, Adweek, 2020년 4월 24일

온라인 쇼핑의 2019년 및 2020년 1~4월 매출 비교 　　　　　　　　(단위: 억 원)

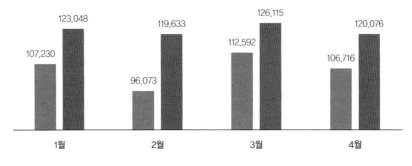

■ 2019년 ■ 2020년 　　　　　　　　　　　　　　　　　　　　자료: 통계청

성장세를 보였다. 3월에는 전년 대비 12.0% 성장해 2월 대비 성장률이 하락하면서 다소 주춤한 모습을 보였지만, 2020년 4월 다시 12.5%를 기록하면서 성장세를 이어나가고 있다.[93] 코로나가 촉발한 경기불황을 고려할 때 온라인 쇼핑의 성장은 분명히 주목할 만하며 많은 전문가는 온라인 쇼핑이 향후에도 대세가 될 것이라 예측하고 있다.

2020년 현재 온라인 쇼핑이 마치 새로운 트렌드, 무엇보다 비대면 방식을 선도하는 트렌드처럼 다시 인식되고 있는 이유는 무엇일까? 어떻게 보면 온라인 쇼핑은 전혀 새로운 관행도 아니고 온라인 쇼핑의 방식이 코로나 때문에 갑자기 바뀐 것도 아니다. 다만 배송 방식에서 변화는 있었다. 비대면 방식이 배송에서도 도입돼, 이제 물건을 배송할 경우 벨만 누르고 물건을 문 앞에 놓고 간다. 더 이상 주문자를 직접 만나서 주문자를 확인하고 물건을 건네지 않게 됐다.

온라인 쇼핑이 비대면 방식의 상징처럼 부각된 이유는 다음과 같다.

첫 번째 이유는 온라인 쇼핑은 극단적인 사회적 거리두기를 실천할 수 있는 확실한 방법이기 때문이다. 온라인 쇼핑은 인터넷과 모바일 기기를

93　통계청, 온라인 쇼핑 동향(2020년 1~4월)

통해 쇼핑을 하기 때문에 오프라인, 즉 마트와 백화점 그리고 시장 등에서 직접 점원과 다른 쇼핑객들을 만날 기회를 원천적으로 차단한다. 주문한 물건을 대부분 문 앞에 놓고 가기 때문에 택배 배달원도 만날 필요가 없다.

두 번째 이유는 온라인 쇼핑에 '건강'과 '안전'이라는 새로운 의미들이 추가됐기 때문이다. 기존 온라인 쇼핑은 단순히 편의성과 가성비라는 두 가지 측면에 초점을 둔 쇼핑 방식이었다. 온라인 쇼핑을 이용하면 매장에 직접 가지 않고 노트북과 스마트폰으로 편히 제품을 구매할 수 있고 많은 경우 오프라인 매장보다 제품을 더 싸게 살 수 있었다. 하지만 코로나로 인해 온라인 쇼핑은 대면 접촉이 가져올 수 있는 위험을 최소화할 수 있는 안전한 방법으로 인식되고 있다.

세 번째 이유는 온라인 쇼핑을 통해 구입 가능한 제품과 서비스의 영역이 폭발적으로 증가한 것이다. 코로나 팬데믹 이전에는 신선식품이 온라인 쇼핑에서 차지하는 비중은 크지 않았다. 그러나 이제 코로나를 우려해 시장과 마트 방문을 꺼리는 사람에게 온라인 쇼핑이라는 대안이 생긴 것이다. 또한 최근 다양한 배달음식들과 밀 키트 등이 등장하면서 인터넷과 스마트폰으로 다양한 메뉴를 주문해 집에서 식사하는 비중이 크게 증가했다.

다시 2020년 4월 온라인 쇼핑 매출 현황을 살펴보자. 다음의 표에서 볼 수 있듯이 음식 배달 서비스, 즉 '배달의민족'과 같은 서비스를 통해 온라인으로 식사와 야식 그리고 간식 등을 시켜먹은 규모는 작년 4월 대비 5,755억 원 증가해 전년 대비 83.7% 성장세를 보였다. 이와 마찬가지로 온라인으로 음료 및 식료품을 구입하는 것 역시 전년 대비 4,621억 원 증가해 43.6% 증가했다. 전년 대비 증가액은 상대적으로 적지만, 증가율이 독보적인 카테고리는 농·축·수산물이다. 전년 대비 1,889억 원 증가해 증가액 기준으로는 다섯 번째이지만, 증가율을 69.6%로 음식 서비스(83.7%)

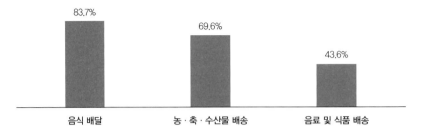

온라인 쇼핑의 2020년 4월 온라인 쇼핑 매출 증가율(전년 동기 대비)

83.7%	69.6%	43.6%
음식 배달	농·축·수산물 배송	음료 및 식품 배송

와 기타 서비스(84.1%) 다음으로 세 번째를 기록했다.[94]

이번에는 우리가 온라인 쇼핑을 통해 어떤 제품들을 구입했는지 좀 더 자세히 살펴보자.

CJ대한통운이 2020년 3~4월 동안 택배 송장 정보를 바탕으로 작성한 '집콕 시대의 라이프 스타일'에 대한 리포트[95]를 보면 비대면 방식의 소비 트렌드의 변화를 좀 더 명확하게 볼 수 있다. 비대면 관련된 몇 가지 주요 쇼핑 활동들을 살펴보자.

먼저 대중교통을 피하기 위해 킥보드 및 오토바이 용품의 구입이 전년 동기 대비 각각 120%, 108% 증가했다. 집에서 혼자 보내는 시간이 늘었기 때문에 홈 엔터테인먼트 용품에 대한 수요가 늘었고 닌텐도 같은 콘솔게임기는 전년 동기 대비 145% 증가했다. 집에서 혼자 할 수 있는 홈트(홈 트레이닝) 용품인 골프 연습기와 필라테스·요가 용품, 줄넘기 등이 전년 동기 대비 각각 127%, 128%, 104% 증가했다. 런닝머신과 스텝퍼 역시 각각 266%, 162% 증가했다. 반면 수영 용품은 77% 감소했다.

미용 용품에서는 재미있는 변화를 볼 수 있다. 먼저 립틴트는 전년 동기 대비 92%가 증가했는데, 이들 제품의 공통점은 마스크에 잘 묻지 않는 제

---

94   통계청, 2020년 4월 온라인 쇼핑 동향
95   "CJ대한통운 빅데이터로 관찰한 일상생활리포트 PLUS", CJ대한통운, 2020년 6월

상의는 재킷과 와이셔츠를, 하의는 편안한 잠옷을 입고 있는 전형적인 재택근무자의 모습

품이라는 것이다. 또한 아이브로우와 마스카라는 103%와 60% 증가해, 마스크를 쓸 경우 가장 많이 노출되는 눈 부위에 더 많은 포인트를 준 것을 확인할 수 있다.

패션 용품의 실제 구매 패턴은 비대면 방식의 일상화를 극명하게 보여준다. 상의는 블라우스와 셔츠 같은 오피스웨어 소비가 전년 동기 대비 158% 증가했고 하의는 잠옷이나 홈웨어가 130% 증가했다. 화상회의 시 모니터로 직접적으로 보여지는 상의는 회사에서 입는 스타일을 선택하지만, 모니터에서 보여지지 않는 하의만은 편한 옷차림을 선호하는 것이다. 집에서 근무하는 시간이 절대적으로 많아졌기 때문에 당연히 상·하의를 동시에 구입해야 하는 정장은 전년 대비 오히려 34% 감소했지만, 오히려 재킷은 53% 증가한 것을 볼 수 있다.

이러한 소비자의 소비 트렌드 변화를 보면 확실히 소비자들은 비대면 방식의 일상생활에 빠르게 적응하고 있는 것 같다.

코로나 팬데믹이 바꾼 여행의 미래

사람의 여가 생활 중에서 가장 의미 있고 큰 비중을 차지하는 것은 여행이다. 한국 내에서 이동하는 국내여행 또는 정통 이탈리아 피자를 맛보기 위해 떠난 이탈리아 여행도 좋다. 혼자 배낭을 둘러메고 가는 여행 또는 낯선 사람과 같이 떠나는 단체 여행 역시 즐겁다. 새로운 곳에 가서 새로운 사람과 장소를 접하고 낯선 음식을 먹는 활동은 항상 설레고 즐겁고 기대된다.

하지만 이러한 여행에 대한 기대는 코로나 팬데믹 이후 완전히 바뀌게 됐다. 엄격한 사회적 거리두기와 국경을 봉쇄하는 강력한 방역 활동으로 인해 국내여행 또는 해외여행을 현재 자유롭게 즐길 수 없게 됐다. 특히 해외여행은 비자 발급에서부터 항공권 구매, 돌아온 후에 예정된 자가격리 등을 하나하나 처리해야 하므로 예전처럼 쉽게 떠날 수 없게 됐다.

해외여행은 검역이나 방역뿐 아니라 비용과 관련된 문제 역시 조만간 크게 대두될 것이다. 현재 우리가 배낭여행이나 개별 관광을 쉽게 떠날 수 있는 이유는 상대적으로 낮은 항공권 가격 덕분이다. 이러한 항공권은 항공사 또는 여행사들이 전세기를 준비하거나 대량으로 항공권을 구매해 좌석당 가격을 낮출 수 있어서 가능했다. 하지만 현재와 같이 해외여행객의 수가 급격히 줄어든 상태에서는 어쩔 수 없이 여객기의 좌석당 가격이 올라갈 수밖에 없다.

얼마 전까지 볼 수 있었던 저가항공사(LCC)의 서울-제주 구간이 수요일 편도 기준으로 3,000원, 왕복 2만 원의 이벤트는 출혈 경쟁일 뿐이다.[96] 비행기는 날지 않고 비행장에 계류돼 있어도 관리 비용이 발생한다.

---

96 국내 하늘길 열린다…LCC 속속 증편, 매일경제신문, 2020년 4월 7일

텅빈 공항 터미널이 현재 항공사들의 위기감을 단적으로 보여준다.

따라서 정기적으로 비행을 할 수밖에 없는데, 이때 한 명이라도 승객을 더 태우는 것이 유리하다. 하지만 이런 출혈 경쟁을 언제까지 할 수는 없다. 저가항공사뿐 아니라 글로벌 대형 항공사들 역시 어렵기는 마찬가지다. 전 세계의 많은 항공사는 손실 감소를 위해 인력 축소를 계획하고 있고 태국 타이항공이 2020년 5월 파산 신청을 한 것처럼 실제로 파산하는 글로벌 항공사들도 계속 나올 것이다. 항공사들이 상황이 안 좋아지면 비용 절감 뿐 아니라 수익 개선을 위해 티켓 가격을 올리고 수익이 나지 않는 항공 노 선을 폐쇄하고 항공 마일리지 조건들은 기존 대비 더욱 안 좋아질 것이다.

그뿐 아니라 여행사들 역시 예전처럼 싼 가격의 여행 패키지들을 구성 하기 힘들어질 것이다. 여행사들은 여행객들이 일정 규모 이상 모인다는 전제하에 단체 패키지를 설계해 단가를 낮출 수 있었다. 하지만 지금과 같 은 상황이 계속된다면 여행지에서 호텔 비용, 식당 가격, 관광지 입장료 등 을 낮은 단가로 하기 힘들고 결국 단체 패키지의 매력이 없어진다.

이러한 예상들은 어쩌면 최악의 상황만을 전제로 한 것일 수도 있다. 하지만 여행과 항공산업 그리고 기타 숙박 및 관광 산업은 서로 긴밀하게 연계돼 있기 때문에 현재 일어나는 현상은 장기간 지속될 것이다. 따라서 일상생활 속에서의 여행은 앞으로 얼마 전과는 확연히 달라질 것이다.

여행객 입장에서도 한번 생각해보자. 해외여행과 같은 장거리 여행과 관련된 걸림돌은 다음과 같다.

첫 번째 걸림돌은 여행 전후에 있을 수 있는 자가격리에 대한 부담이다. 코로나19의 확산이 어느 정도 가라앉는다면 현재보다는 검역과 격리가 조금 완화되겠지만, 꽤 오랜 시간 동안 자가격리를 요구받을 수 있다. 정말 중요한 경우가 아니라면 자가격리와 같은 불편함을 감내하면서까지 해외에 나갈 이유는 없다.

두 번째 걸림돌은 비용과 관련된 이슈다. 앞으로 저렴한 해외여행은 한동안 쉽지 않을 것이다. 항공 티켓 비용의 상승 및 직항 노선의 축소 등으로 인해 예전처럼 저렴한 여행 기회는 줄어들 것이다.

세 번째 걸림돌은 국가 간 장벽이 높아지는 현상이다. EU에 속한 나라들은 모두 동일한 규약에 의해 어디를 가든 동일한 대우를 받을 수 있었다. 하지만 이러한 현상이 앞으로 어떻게 변화할지는 예측하기 어렵다. 법률적 문제뿐 아니라 아시아인에 대한 차별 역시 문제시 될 수 있다.

이러한 예측은 2020년 7월 세계경제포럼(World Economic Forum)에서 발표한 자료[97]에서도 확인할 수 있다. 코로나19와 관련된 세 가지 시나리오를 갖고 코로나 팬데믹 이후 사람이 여가 생활을 위한 여행을 얼마나 가고 싶어하는지를 조사했다.

비록 코로나19가 예측 가능한 수준에서 통제되고 국가 간 이동에 불편

---

97 Top factors travelers will consider before planning a trip – what hard-hit countries can consider, Word Economic Forum. 2020년 7월

코로나 대응 시나리오별 여행 계획

시나리오	향후 12개월 내 여행 계획 있음.	향후 12개월 내 여행 계획 없음.
코로나19가 통제되기 시작했고 바이러스는 우리 일상의 일부분이 됐다. 국가 간 검역은 더 이상 존재하지 않는다.	15%	85%
코로나19는 대부분 근절됐고 치료약이 나와서 바이러스에 걸리면 약을 먹고 치료받을 수 있다.	65%	35%
코로나19는 완전히 근절됐다.	85%	15%

이 없더라도 여가 생활을 위한 여행에 대한 수요는 급격하게 줄어든 것을 확인할 수 있다. 심지어 코로나19가 완전히 없어지더라도 약 15%의 사람은 여행을 가지 않겠다고 말한다. 코로나19 근절 여부와 상관없이 여전히 많은 사람은 예전처럼 쉽게 여행을 가지 않는다는 점은 확실하다.

코로나 팬데믹이 만든 다섯 가지 여행 트렌드

이러한 상황을 고려할 때 앞으로 여행과 관련된 트렌드는 다음과 같이 예측해볼 수 있다. 어떤 트렌드는 이미 구체적으로 나타나기 시작했고 어떤 현상들은 조만간 나타날 것이다.

첫 번째 트렌드는 '안전하고 검증된 여행지에 대한 수요'다. 더 이상 싼 가격이 여행지 또는 여행 프로그램 선택의 제일 중요한 요소가 아니다. 코로나19를 겪으면서 안전과 건강을 최우선으로 생각하게 됐다. 여행자들은 정부 또는 공인받은 기관으로부터 안전하다고 검증받은 여행지와 숙박업체 등을 찾게 될 것이고 여행지와 숙박업체 또한 충분히 안전한 장소라는 것을 확인시켜야 한다. WTTC(World Travel & Tourism Council)에서는 최근 WHO와 국가별 방역당국과 함께 '안전한 여행'을 위한 글로벌 규약을 설정했고 이를 잘 지키는 관광지에는 'Safe Travels by WTTC'라는 안전 인증서를 발급하고 있다.[98] 현재 약 40여 개 도시 및 관광지가 안전 인증서를 발급받았는데, 이와 같은 공인된 인증서들은 향후 여행지 선택의 중요한 요인이 될 것이다.

두 번째 트렌드는 '사람이 적고 붐비지 않는 여행지에 대한 수요'다. 코로나 팬데믹 이후 우리는 사람이 많은 장소가 전염병에 얼마나 취약한지를 절실하게 체험했다. 따라서 향후에는 가능한한 사람이 많지 않고 소수의 사람을 위해 개방된 장소에 대한 수요가 증가할 것이다. 하지만 소수의 사람만을 위한 여행을 경제적 개념으로 바꿔 생각한다면 상대적으로 비싼 여행을 의미한다. 다수의 사람을 모아서 사람이 많이 찾는 관광지를 간다면 규모의 경제를 형성해 가격을 많이 낮출 수 있다. 하지만 앞에서 더 이상 가격이 제일 중요한 요소가 아니기 때문에 상대적으로 비싼 소수 인원을 위한 여행 역시 충분히 시장을 형성할 수 있다.

세 번째 트렌드는 '국내여행의 증가'다. 해외여행이 제한된 상황에서 국내여행은 여행을 통해 일상의 활기를 되찾을 수 있는 최선의 방법이다. 국내여행은 입출국의 부담이 없고 귀국한 후에 있을 수 있는 자가격리를 피할 수도 있다. 그리고 해외여행 대비 상대적으로 전염병으로부터 안전하다는 인식을 갖고 있다.

최근 tvN에서 방영 시작한 '서울촌놈'이라는 프로그램은 이러한 국내여행 트렌드를 잘 반영하고 있다. 지역별 현지화된 여행을 통해 어딘가로 떠나 새로운 것 또는 내가 알지 못했던 것을 보고 즐길 수 있다는 것을 잘 보여준다.

네 번째 트렌드는 꼭 필요한 경우에만 가는 해외여행이다. 높아진 항공권 가격과 전염병 위험성, 귀국 전후에 있는 자가격리와 같은 번거로움 등

---

98 Safe Travels: global protocols & stamp for the new normal, World Travel & Tourism Council

을 고려할 때 이제는 예전과 같은 충동적인 해외여행은 쉽지 않다. 회사의 출장이나 유학 또는 오랫동안 준비한 해외여행 등이 아니라면 해외여행은 더 이상 쉽지 않다. 한때 유행했던 금요일 밤에 비행기를 타고 일본이나 동남아에 갔다가 월요일 새벽에 돌아오는 소위 '밤도깨비 여행' 같은 일정은 앞으로 오랫동안 보기 힘들 것이다.

마지막 트렌드이자 좀 더 자세히 살펴볼 필요가 있는 영역은 '비대면 방식을 활용한 여행 산업의 부활'이다. 어떻게 생각하면 여행과 비대면은 어울리지 않는 조합이다. 여행은 어딘가를 직접 찾아가는 활동이고 비대면은 특정 장소에 가지 않고 원격으로 뭔가를 한다는 의미이기 때문이다. 하지만 최근 다양한 관광지와 기업은 서로 상반되는 개념을 성공적으로 연계시키고 있다. 물론 그 핵심에는 디지털 기술이 녹아 있다.

여행 산업을 위한 디지털 기술이라고 할 때 가장 먼저 떠오르는 것은 바로 '가상현실'이다. 코로나 팬데믹 기간 동안 미국 및 유럽의 박물관들과 미술관들은 관광객들을 유치하기 위해 박물관 또는 미술관을 가상 박물관(Virtual Museum)으로 재탄생시켰다. 가상 박물관은 가상현실 기술을 활용해 박물관 또는 미술관이 아닌 장소에서도 해당 박물관의 유물과 전시품들을 간접적으로 체험하는 활동이다. 유네스코(UNESCO)는 2020년 5월 유럽 내 박물관 중에서 해저 유물과 관련된 가상 박물관을 운영하는 유럽 내 박물관들을 적극적으로 홍보하기도 했다.[99]

가상 박물관과 미술관이 비록 첨단 디지털 기술을 활용해 생생하고 입체적인 현장감을 줄 수는 있지만, 아직까지는 다소 차갑고 일방향적인 방법이다. 따라서 앞으로 여행 사업에서 더 폭넓게 사용될 것으로 예측되는

---

99 Virtual Museum on underwater cultural heritage respond to the Covid-19 crisis, UNESCO, 2020년 5월 18일

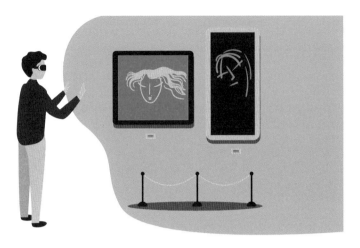

가상박물관은 가상현실 기기를 활용해 스마트폰 또는 컴퓨터로 박물관의 유물들을 현장감 있게 볼 수 있다.

비즈니스 모델을 소개한다. 가상현실을 이용한 가상 박물관만큼 첨단 디지털 기술을 사용하지는 않지만, 디지털 플랫폼을 활용해 여행지의 현장감을 좀 더 잘 전달할 수 있는 방법들이다.

집안에서 둘러보는 체르노빌은 얼마나 안전할까?

만약 주말 이틀 동안 예전부터 현지에서 경험해보고 싶었던 활동을 하거나 꼭 가보고 싶었던 장소들을 한 번에 둘러볼 수 있다면 어떨까? 그것도 한두 곳이 아니라 총 7개 국가를 방문하고 현지인들과 직접 대화를 나눌 수 있다면? 심지어 이러한 여행에 대한 만족도 역시 높다면?

아라비안나이트에 나오는 마법 양탄자나 해리포터가 사용하는 순간 이동 마법을 쓰지 않더라도 위와 같은 경험은 최근 얼마든지 가능하다. 공유숙박으로 유명한 에어비앤비가 최근 이러한 비대면 서비스를 제공하고 있다. 서비스를 이용하는 현지의 숙박업체 또는 호스트들은 코로나 팬데믹에도 불구하고 높은 수익을 얻을 수 있어서 좋고 멀리 떨어져서 호스트의 삶을 비대면 방식으로 안전하게 체험하는 관광객들 역시 만족도가 높다.

뉴욕타임즈 기자인 데이비드 포그(David Pogue)는 주말 동안 7개의 에어비앤비의 온라인 체험 코스(Online Experience Course)를 신청해 참여했다.[100] 그가 본 7개의 온라인 코스는 다음과 같다.

기자는 약 200개 정도 개설된 온라인 체험 코스 중에서 시간대가 적합한 코스들을 선정해 미리 신청하고 주말 이틀 동안 계속 참여했다. 이러한 코스들은 대략 1시간 정도 진행되며 정해진 시간, 예를 들어 7월 18일 토요일 오후 2시에 시작해 3시에 끝난다는 코스 진행 시간, 코스 참여 인원 정보(최소 2명에서 최대 10명) 그리고 참가비 정보 등을 사전에 제공한다. 참가비는 '런던 차이나타운에서의 문화 여행'은 2달러(약 2,400원)이고 '개인의 점성술 및 출생 천궁도 읽기'는 73달러(약 8만 8,000원)로, 온라인 체험 코스에 따라 가격대가 다양하다.

신청이 완료되면 정해진 시간에 줌을 이용해 온라인 체험 코스를 준비한 호스트와 온라인상에서 만난다. 호스트는 참여자들과 간단하게 인사한

온라인 체험 코스 이름	호스트 국가
K팝 스타처럼 춤추기	한국
모로코 가족들과 함께 요리를	모로코
상어 연구가의 하루 일상	남아프리카 공화국
도쿄의 애니메이션과 서브컬처	일본
런던 차이나타운에서의 문화 여행	영국
개인의 점성술 및 출생 천궁도 읽기	스페인
체르노빌의 개들과 만나기	우크라이나

100 I spent a weekend bingeing airbnb's virtual experiences. Was it worth it?, New York Times, 2020년 5월 4일

버려진 체르노빌 원자력 발전소 부근에서 쉬고 있는 떠돌이개

후에 준비된 프로그램을 진행한다. 예를 들어, '모로코 가족들과 같이 요리를' 코스에서는 모로코 가족들이 미리 준비한 재료들을 이용해 모로코 요리를 직접 만드는 것을 보여주는데, 이 과정에서 참석자들과 모로코 호스트는 서로 궁금한 것을 물어보고 대화를 나누게 된다. '체르노빌의 개들과 만나기' 코스에서는 우크라이나에서 근무하는 방사능 과학자가 온라인 체험 코스가 진행되는 동안 실제로 체르노빌 방사능 피폭 현장에 가서 떠돌이 개들에게 먹이를 주기도 하고 멀리 떨어져서 개들을 관찰하는 장면을 실시간으로 보여준다. 기자는 코스를 통해 자신이 체르노빌에 직접 가서 차를 타고 피폭 현장을 보고 떠돌이 개들에게 먹이를 주는 듯한 경험을 했다고 말한다.

기자가 각국의 호스트들이 제공하는 온라인 체험 코스에 참여한 후 가장 만족스럽게 생각했던 부분은 모든 활동이 쌍방향으로 진행된다는 점이다. 미리 녹화한 내용들을 보여주는 유튜브와 달리, 에어비앤비를 통해 호스트들이 제공하는 코스들은 실시간으로 진행되며 참여자들은 서로의 얼굴을 볼 수 있다.

두 번째 장점은 '재미 있다.'는 점이다. 호스트들은 전문 방송인이 아니다. 따라서 어설픈 점들도 자주 볼 수 있지만, 오히려 그렇기 때문에 정말 그 나라에 가서 현지인들과 어울리는 느낌을 받을 수 있었다고 한다. 그리고 시간 및 비용 경제성도 무시할 수 없다.

이번에는 에어비앤비와 온라인 체험 코스를 진행하는 호스트들의 이야기를 들어보자.[101] 에어비앤비는 코로나 팬데믹을 맞아 화상회의 시스템에 기반을 둔 온라인 체험 코스를 준비했다.

첫 번째는 비록 서로 격리돼 있지만, 사람은 상호 연결돼 있다는 점을 알리고 싶었고 두 번째는 코로나 때문에 실직을 하고 더 이상 돈을 벌지 못하게 된 호스트들에게 새로운 생계 수단을 찾아주고 싶었다고 한다.

이러한 두 가지 목적은 현재 완벽하게 실현되고 있다. 앞에서 살펴본 것처럼 뉴욕에 사는 기자가 한국에서 댄스를 배우고 모로코 음식을 배울 수 있는 것처럼 거리와 시간대에 상관없이 사람이 다시 모이고 연결되기 시작했다.

두 번째 목적이었던 새로운 생계 수단 역시 현재까지는 성공적이다. 이탈리아 토스카니 지방에서 살고 있는 남자 형제인 루카(Luca)와 로렌조(Lorenzo)를 보자. 이들은 '우리 가족의 파스타 요리법'이라는 온라인 체험 코스를 운영하고 있다. 이들은 할머니의 파스타 요리법을 주제로 전 세계 사람과 비대면 방식으로 만나고 있다. 원래 루카와 로렌조는 패션 산업에

101　How people are making thousands by hosting virtual Airbnb experiences (one made over $130K in a month), Forbes, 2020년 5월 22일

서 일하고 있었지만, 코로나 때문에 실직을 하게 됐다. 친구가 에이비엔비에서 온라인 체험 코스를 출시한다고 알려줘서 평소에 관심 있던 할머니의 정통 파스타 요리법으로 프로그램을 구성해, 주 6일 동안 온라인 체험 코스를 운영 중이다. 이들 형제는 온라인 체험 코스를 통해 최근 한달 동안 2만 달러, 즉 2,400만 원 정도의 수익을 올릴 수 있었다. 현재 이들은 온라인 체험 코스를 더욱 확장해 더 큰 수익을 올리는 방법을 다각적으로 고민하고 있다. 에어비앤비에 따르면, 카리스마 넘치는 어떤 호스트는 약 13만 달러, 즉 1억 6,000만 원 정도의 수익을 올리기도 했다고 한다.

에어비앤비는 공유 숙박이라는 개념하에서 호스트와 관광객들을 연결해주는 작업을 해왔고 이러한 물리적 연결 작업은 코로나 팬데믹을 맞아 비대면 연결로 사업을 확장한 것이다. 실제로 에어비앤비는 코로나19가 종식되더라도 지금 제공하는 온라인 체험 코스를 계속 운영할 것이라고 밝혔다. 기존의 숙박 장소와 관광객을 연결해주는 방식과 현재 제공하는 비대면 방식의 연결 방식들이 상호 시너지를 발휘하고 있으며 특히 비대면 방식의 온라인 코스는 여행 산업이 갖고 있는 계절적 비수기를 제거하는 효과가 있기 때문이다.

한국에도 비슷한 서비스를 제공하는 기업이 있다. 여행 상품 중개 기업인 마이리얼트립에서는 '랜선투어'라는 명칭으로 에어비앤비와 비슷하지만 차별화된 서비스를 제공하고 있다.[102] 에어비앤비는 현지의 호스트들이 프로그램을 운영한다면, 마이리얼트립의 랜선투어는 전문적인 가이드들이 프로그램을 운영한다. 예를 들어 스페인 프라도 미술관에 특화된 전문 한국인 가이드가 정해진 시간에 일정 규모의 참가자들을 대상으로 프라도 미술관을 마치 투어하듯 자세하고 재미있게 설명해준다.

---

102 마이리얼트립, 국내 최초 온라인 해외여행 '랜선투어' 오픈, 파이낸셜뉴스, 2020년 6월 20일

비대면 비즈니스 트렌드

현재는 스튜디어에서 촬영 하고 있는데, 전문 촬영 기사가 직접 촬영을 하기 때문에 비록 현장감은 떨어지더라도 훨씬 높은 품질의 가이드를 즐길 수 있다. 현재 영국 내셔널 갤러리, 이탈리아 남부, 스페인 프라도 미술관 등 해외 유명 관광지를 중심으로 랜선투어를 운영 중인데, 90분 랜선투어를 하는 가격은 7,900원에서 1만 4,900원 정도다.

어떻게 보면 에어비앤비의 온라인 체험 코스는 전혀 새로운 아이디어가 아니다. 이미 만들어 놓은 에어비앤비 사이트에 호스트들의 정보를 올리고 이미 활성화된 줌을 이용해 호스트들이 자신들이 일상생활에서 하던 방식을 단지 카메라와 모니터 앞에서 똑같이 하는 것이다. 하지만 이런 간단한 아이디어들이 하나하나 결합해 비대면 방식의 여행 체험을 만들어내고 별도의 수익을 창출하고 있다. 반면, 마이리얼트립의 랜선투어 방식은 전문적 가이드를 전문 영상 PD가 스튜디오에서 촬영 하는 방식이라 좀 더 전문적이고 기업화돼 있다. 현재로는 어떤 방식이 더 좋다고 평가하긴 힘들지만, 두 가지 방식 모두 앞으로 비대면 방식의 여행이 나아갈 방향을 잘 제시하고 있다.

사람은 본능적으로 힘들게 일하는 것보다 삶을 즐기고 쉬는 것을 좋아한다. 향후 코로나19의 지속 여부에 상관없이 사람은 꾸준히 여가 생활을 즐길 것이다. 하지만 집에서 즐길 수 있는 여가 생활의 방식이 변화하고 향후 방문할 수 있는 여행지와 즐길 수 있는 여행 방식 역시 앞으로 계속 변화할 것이다.

향후 변화될 여가 생활과 여행 역시 비대면 방식의 활동들을 적극적으로 반영할 것이다. 특히 여행 분야에서의 비대면 활동은 최근에 빠르게 도입되고 있기 때문에 앞으로 어떤 식으로 진화할지 계속 살펴볼 필요가 있다. 증강현실, 가상현실 같은 디지털 기술을 도입해 좀 더 현장감 있는 디지털 투어를 제공할 수도 있고 유적지의 과거 모습도 생생하게 재현할 수도 있을 것이다.

여가 생활과 여행 분야에서 적용할 수 있는 다양한 비대면 방식의 활동은 서비스를 제공하는 기업에게 새로운 수익원이 될 수 있고, 이를 이용하는 랜선 여행객들은 집안에서 마법과 같은 경험을 누릴 수 있다. 우리가 비대면 활동에 끊임없이 관심을 갖고 지켜봐야 하는 이유다.

5장에서는 우리가 업무를 처리하고 학습을 하는 방식들이 비대면 방식을 적용해 어떻게 변화하고 있는지를 살펴본다. 이를 통해 우리의 일상생활이 업무와 교육 분야로 어떻게 확장되는지 살펴보자.

05장

비대면이 바꾼 직장과 학교: 일과 학습 방식의 변화

디지털 노마드의 부활

정보 기술 업계에서 일하는 A씨는 하루를 아침 6시에 일어나 컴퓨터를 켜는 것으로 시작한다. 국내외에서 온 이메일을 확인한 후 MP3를 들으며 조깅을 한다. 그리고 식사를 한 후 사무실로 출근한다. 하지만 그가 사무실에 있는 시간은 많지 않다. 무선 인터넷이 가능한 곳이면 어디서든 업무를 처리할 수 있기 때문이다.

A씨는 무선 인터넷이 가능한 노트북과 휴대전화 기능까지 있는 개인 휴대단말기(PDA), 손가락만 한 크기의 외장형 하드디스크, LCD프로젝터, MP3 플레이어, 디지털 카메라 등 각종 전자제품으로 무장하고

있다. 노트북과 PDA를 수족처럼 부리는 덕에 프레젠테이션 준비도 자동차 안에서 뚝딱 해낸다.

퇴근 후 그는 가족이나 친구와 시간을 보낸다. 친구는 대부분 인터넷을 통해 만난 동호회 회원들…. A씨는 즐거운 장면과 맞닥뜨리면 자연스레 디지털 카메라를 꺼내든다. 디지털 카메라로 찍은 사진을 인터넷에 올려 친구들과 돌려보는 것은 그의 가장 큰 즐거움 중 하나다.[103]

지금 위에서 묘사한 A씨의 하루 일과를 보면 크게 낯설거나 이해가 안 되는 부분이 없다. 다만 몇몇 디지털 기기, 예를 들어 개인휴대단말기, LCD프로젝터 등과 같은 제품이 뭔지 모를 수는 있다. 요즘 첨단 제품들이 너무 빨리 출시되는 관계로 내가 모르는 신제품인지도 모른다.

하지만 위에서 묘사한 A씨는 약 15년 전에 존재했던 직장인의 모습이다. 위의 글은 디지털 기술과 기기를 활용해 현대적이고 효율적으로 근무하는 직장인을 묘사한 2006년 10월 18일자 매일경제 기사의 일부다. 약 15년 전의 기사임에도 불구하고 지금 상황과 다른 부분은 A씨가 사용하는 대부분의 장비들이 스마트폰 하나로 집약됐다는 점이다. 한 가지 더 있다면 사진을 인터넷에 올리지 않고 모바일에서 바로 페이스북이나 인스타그램으로 올린다는 점이다.

매일경제신문에서는 위와 같이 디지털 장비를 활용해 자유롭게 일하는 현대 직장인을 '디지털 노마드(Digital Nomad)'라고 불렀다. '디지털 노마드'라는 단어는 프랑스의 정치학자이자 경제학자인 '자끄 아탈리(Jacques Attali)'가 20세기를 몇 년 앞두고 저술한 《21세기 사전》에서 새로운 세기

103　新유목민 디지털 노마드, 매일경제신문, 2006년 10월 18일

전통적인 개념의 유목민

현대의 디지털 노마드

의 사람은 '디지털 노마드'로서 시간과 장소에 구애받지 않고 유목민처럼 자유롭게 떠돌며 일할 것이고 이는 인터넷, 모바일 컴퓨터, 휴대용 통신 기기 등의 발전에 따라 가능해질 것이라 예측한 글[104]에서 유래했다. 노마드 (Nomad)는 원래 사막 또는 초원 등에서 유목 생활을 하는 유목민들을 지칭하는 단어인데, 디지털 장비를 활용해 특정 장소, 특정 지역에 얽매이지 않고 자유롭게 일하는 현대 직장인을 묘사하기 위해 사용됐다.

'디지털 노마드'라는 개념은 21세기 들어 다양한 곳에서 사용됐는데, 삼성전자는 노트북 광고에서 '디지털 노마드'라는 카피를 전면에 내세우며 소비 트렌드를 견인했다. 2005년경 삼성그룹은 한곳에 정착하지 않고 계속 옮겨 다니는 유목민의 특성을 정보 기술 시대의 최대 장점으로 강조하면서 그룹 경영진에게 유목민 정신으로 무장해야 한다는 교육을 실시하기도 했다.

코로나 팬데믹 이후 '디지털 노마드'라는 단어가 다시 부활하고 있다. 최근 인터넷에 '디지털 노마드로 살아보기', 디지털 노마드로 돈벌기', '디지털 노마드에 필요한 준비' 등에 대한 글들이 부쩍 늘었다. 원래 디지털 노마드라는 개념의 핵심은 장소에 구애받지 않고 자유롭게 일하고 개인

104 21세기 사전, 자크 아탈리, 중앙M&B, 1999년

의 삶과 업무와의 균형점을 찾는 것이다. 코로나 팬데믹 상황 속에서의 디지털 노마드는 어쩌면 지금의 현실과 반은 맞고, 반은 틀린 개념이다. 맞는 부분은 현재 우리는 사무실 또는 학교라는 정해진 울타리에서 벗어나 원하는 곳에서 원하는 시간에 업무와 학습을 할 수 있게 됐다는 점이다. 하지만 틀린 부분은 이 모든 것들이 우리가 원해 시작됐다기보다 코로나19라는 일종의 천재지변 때문에 준비 없이 갑자기 시작됐다는 점이다.

우리가 충분히 고민한 후에 디지털 노마드가 되기로 결심한 것이 아니므로 집에서 재택근무를 하거나 카페에서 인터넷 강의를 듣는 사람은 여전히 혼란스럽다. 내가 지금 하고 있는 것이 맞는 방법일까?

이와 마찬가지로 회사에서 재택근무를 지시하는 경영자와 인터넷 강의를 준비하는 교수들 역시 혼란스럽다. 내가 지시하고 준비하는 방법이 맞는 것일까?

5장에서는 현재 빠르게 변화되는 업무 방식 및 교육 환경에 대해 알아본다. 우리의 인생에서 가장 많은 시간을 보내고 가장 큰 영향을 미치는 장소는 바로 '직장'과 '학교'다. 직장과 학교는 서로 다른 장소인 것처럼 보이지만, 밀접하게 연결돼 있다. 학생은 학교에서 받은 교육을 기반으로 성인이 돼 직장에 취직을 한다. 그리고 직장에서 근무를 하면서 결혼을 하고 자식을 낳고 다시 자녀들을 학교에 보내게 된다. 학교에서 받은 교육과 직장에서 근무하는 업무 방식들은 서로 영향을 미치게 된다.

코로나19로 학교와 직장 모두 급격한 변화를 맞이하게 됐다. 직장과 학교는 과거 전통적인 대면 방식의 업무 진행과 수업 방식에서 벗어나 비대면 방식을 활용한 재택근무와 온라인 클래스 등을 적극적으로 받아들였다. 5장에서는 직장과 학교에서 경험하는 변화가 무엇인지, 어떤 문제점과 과제가 있는지를 살펴보고 직장과 학교에서 비대면 방식이 어떻게 발전할지를 살펴볼 것이다.

먼저 우리가 매일매일 직장에서 수행하는 업무가 어떻게 변하고 있는지 알아보자.

두 기지 유형의 유연근무제

코로나 팬데믹 이후 집에서 근무하는 재택근무가 많이 확산되고 있다. 아직까지 재택근무는 원격근무, 유연근무(Flexible Work) 등 다양한 명칭으로 불리고 있는데, 현재 진행 중인 업무 방식의 변화를 자세히 살펴보기 전에 우선 간단하게 용어를 정리하고 넘어가자.

현재 우리가 자주 보는 재택근무는 유연근무의 한 종류다. 유연근무는 글자 그대로 사무실에서 근무하는 방식을 유연하게 운영하는 것이다. 유연근무는 두 가지 형태로 구분할 수 있다.

첫 번째 방식은 근무 시간에 유연성을 주는 것이다. 우리에게 익숙한 9시 출근, 6시 퇴근 제도 대신 출퇴근 시간을 유연하게 조정하는 방식이다.

두 번째 방식은 근무 장소에 유연성을 주는 것이다. 우리가 회사가 정해 준 자리에서 근무하는 방식 대신 개인이 일하고 싶은 자리를 선택하는 것이다.

만약 코로나 팬데믹 기간 동안 업무를 아침 9시부터 오후 6시까지 집에서 수행했다면, 장소적 유연성은 확보됐지만 근무 시간에서는 유연성을 발휘하지 못한 것이다.

시간적 제약을 극복한 유연 근무에 대해 먼저 알아보자.

꼭 같은 시간에 모여야 해? 시간 제약의 극복

회사마다 다른 방식을 적용했지만, 근무 방식의 목적 중 하나는 특정 활동 공간에서 직원들의 밀집도를 낮추는 것이다. 직원들의 밀집도를 낮추기 위해 직원들이 출근하는 시간을 조정하는 방법을 적용할 수 있다. 이러한 방식을 '유연근무시간' 또는 '탄력근무시간(Flexible Work Schedule)'이라고 부른다.

금년 3월부터 기업들이 본격 가동한 유연근무제는 일반적으로 의무근로시간(Core Time)의 앞뒤로 출퇴근 시간을 조정하는 '시차출근제', 주 40시간 범위 내에서 1개월 단위로 근무시간을 자율적으로 조정하게 하는 '선택적 근로시간제', 업무량이 특정 시기에 몰리는 직무를 대상으로 2주간 또는 3개월 단위로 업무 부하가 큰 주의 근로시간은 늘리는 대신, 다른 주의 근로시간을 줄여 주 평균 40시간 이내로 근로시간을 맞추는 '탄력적 근로시간제'의 방식으로 운영됐다.

유연한 근무 시간은 직원들이 회사 업무에 영향을 미치지 않으면서 개인적 문제들을 해결할 수 있도록 해준다. 예를 들어, 어린 자녀나 나이든 부모를 돌보는 직원들은 유연한 근무 시간을 활용해 업무와 개인 생활을 조화롭게 할 수 있다. 기업에게는 유연한 근무 형태가 직원을 유지하고 결원을 대체하는 데 드는 많은 비용을 절약할 수 있게 해준다.

탄력근무시간의 세 가지 유형

유형	특징	공통 사항
시차출근제	의무근로시간 앞뒤의 출퇴근 시간을 조정	세 가지 유형 모두 주당 평균 40시간 근무를 원칙으로 함.
선택적 근로시간제	1개월 단위로 근무시간을 자율적으로 조정	
탄력적 근로시간제	업무 부하가 큰 주의 근로시간은 늘리고 덜 바쁜 주의 근로시간을 줄이는 방식	

과거의 출퇴근 시간 관리기(Time clock puncher).
출퇴근 시 자신의 근태 카드를 시계에 꽂아 시간을
기록했다.

현대적 근태 관리 기기. 직원의 지문을 스캔해 출퇴근
시간을 기록한다.

하지만 지금도 많은 기업은 경직된 근무 시간을 고수하고 있다. 현재와 같은 근무 시간은 거의 100년 동안 유지되고 있는데, 미국 광산과 인쇄 노동자들에 대한 하루 8시간 노동권이 보장되고 1926년 포드자동차(Ford)의 주 5일, 40시간 근무제 도입으로 인한 폭발적인 생산성과 수익성 향상을 경험할 수 있었다. 포드자동차의 혁신적 인사방침은 너무나 강력해 20세기 내내 대부분의 사람들은 같은 시간대, 같은 장소에서 일하는 것을 당연하게 받아들여왔다.

21세기가 시작된 이후 이러한 노동관행이 전 세계적으로 점차 와해되는 것을 볼 수 있다. 유럽은 지속적으로 법적 노동시간을 꾸준히 줄여왔고 대기업들뿐 아니라 젊은 스타트업까지 가세해 유연한 근무 시간을 적용하는 것을 종종 볼 수 있다. 필자의 지인은 한국에서 경직된 출퇴근 문화에 정신과 육체가 최적화된 상태에서 영국으로 직장을 옮기게 됐는데, 자율적인 책임감을 강조하는 문화에 한동안 적응하기 어려웠다고 한다. 하지만 일에 대한 자율성과 책임감이 커지니 한국에서 길러진 수동적 몸과 마음을 능동적으로 바꾸는 데 그리 오랜 시간이 걸리지는 않았다고 한다.

코로나19로 인한 반강제적인 '시간 차원의' 유연근무 방식 도입은 직장인들에게는 찬반의 여지가 없는 제도임을 확인할 수 있었다. 영국의 유연근무 프랙티스 컨설팅 회사인 타임와이즈(Timewise)의 지난 2017년 조사에서 여성들에게 주로 제공되는 유연근무제를 남성의 90%도 원한다는 결과가 나왔다.[105] 최근 한국에서도 혼잡한 출퇴근 시간대의 대중교통을 피함으로써 안전함을 넘어 쾌적함을 느낄 수 있고 더 나아가 본인이 시간을 통제함으로써 시간을 좀 더 효과적으로 사용할 수 있기 때문에 많은 직장인들이 만족하는 것을 볼 수 있다.

근무시간의 통제력에 대한 최근 흥미로운 연구 결과를 한번 살펴보자. 노동자들이 노동시간을 스스로 더 통제할 때, 즉 스스로 시간에 대한 자율성을 가질 때 초과근무의 양이 어떻게 됐는지 알아보기 위해 독일과 영국에서 수년에 걸쳐 추적한 데이터를 분석한 결과, 놀랍게도 업무 일정에 대한 자율성을 가진 사람이 그렇지 못한 사람보다 일을 더 많이 하는 경향을 보였다.[106] 테슬라 CEO 엘런 머스크는 일주일에 80~100시간 일하고 실리콘밸리에서 일하는 사람은 근무 시간이 많은 것을 서로 축하하고 자랑까지 한다고 하니 연구 결과가 현실을 잘 반영하는 것 같다. 중요한 점은 직원들이 시간을 유연하게 사용할 수 있다면, 즉 시간에 대한 자율성을 갖고 있으면 노동 투입량은 증가한다는 점이다.

탄력근무시간제는 얼핏 생각하면 비대면 방식의 영향이 적어 보인다. 왜냐하면 근무 시간은 조금씩 다를 수 있지만 근무공간은 똑같이 공유하기 때문이다. 하지만 탄력근무시간제 역시 비대면 방식에 의존을 할 수밖에 없다. 만약 나는 오전 7시에서 4시까지 근무하고 다른 부서의 파트너는 오전 10시부터 7시까지 근무한다고 가정해보자. 두 명이 회사에서 겹치는 시간은 단지 오전 10시에서 오후 4시까지이다. 서로 겹치지 않는 시간에

---

105 Male employees want flexible work too, BBC news, 2017년 9월 19일
106 Yvonne Lott, Heejung Chung(2016). Gender discrepancies in the outcomes of schedule control on overtime hours and income in Germany, European Sociological Review, Vol 32, Issue 6, 752–765

업무가 효율적으로 진행되면서도 개인적 시간을 희생하지 않기 위해서는 적절한 디지털 솔루션들이 필요하다. 업무 내용들이 상시 공유되고 상대방이 중요한 메시지를 읽었는지 확인할 수 있어야 하며 급한 일이 발생하면 효율적으로 상호 대응할 수 있어야 한다. 그러면서도 근무 이후의 개인의 생활을 보호할 수 있는 방침이 필요하다. 탄력 근무제하에서는 이렇게 상호 배치되는 일이 발생할 수 있다.

어디서든 일만 하면 되지 않나? 공간 제약의 극복

다음으로 공간적 한계를 극복하는 재택근무 또는 원격근무 방식에 대해 알아보자. 재택근무를 논할 때 빠질 수 없는 것이 바로 줌과 같은 화상회의 시스템이다. 화상회의 시스템은 사람이 서로 다른 장소에 있더라도 동일한 또는 더 효과적인 커뮤니케이션을 가능하게 해준다. 만약 재택근무를 화상회의 없이 100% 음성 전화와 이메일로만 진행한다면 재택근무가 앞으로도 계속 운영되기 힘들 것이다.

화상회의 솔루션들은 회의, 교육 등 비즈니스에만 국한되지 않고 각종 커뮤니티 활동, 파티, 종교 행사, 결혼식, 심지어 장례식까지 다양한 비대면 활동의 강력한 도구로 자리매김하고 있다. 이에 줌은 2020년 1분기 매출이 전년 동기 대비 169% 급증한 3억 2,820만 달러를 달성해 소프트웨어 업계 역사상 단기간에 최고로 성장한 기업이 됐다.

화상회의 솔루션의 급격한 발전 덕분에 원격근무가 더 효율적으로 진행됐지만, 사실 원격근무에 대한 본격적인 논의는 과거 글로벌 경제 위기에서부터 시작됐다. 2차 오일쇼크가 있었던 1979년 워싱턴포스트는 '재택근무가 석유소비를 줄일 수 있다(Working at Home Can Save Gasoline)'라는 기사를 실었고 앨빈 토플러는《제3의 물결》에서 "정보화 시대에는 가정이 경제적 · 의료적 · 교육적 · 사회적 기능을 강화하면서 미래 사회에서 중심 단위가 될 것"이라 주장했고 1980년대에 기업은 공식적으로 탄력근로제를 실험하기 시작했다. 예를 들어, IBM은 그 기간 동안 여러 직원의 집에 원격 단말기(Remote Terminals)를 설치해 업무를 하게 했고 2009년까지 IBM의 글로벌 직원 38만 6,000명 중 40%가 이미 가정에서 근무했다. 그 결과, 회사는 7,800만 평방피트의 사무실 공간을 줄이고 미국에서 연간 약 1억 달러를 절감했다.[107] 또한 1980년대 중반 백화점 체인인 J. C. Penney는 콜센터 직원들의 재택근무를 허용했다. 인터넷의 발전에 힘입어 1990년대 중반부터 서구기업들의 재택근무가 꾸준히 실험, 실행되고 있었는데, 미국과 영국의 정부 조직은 예상 외로 발 빠르게 그 시기에 재택근무를 일부 도입하기 시작했고 미국 정부는 2010년 연방정부 직원들에게 좀 더 안전하고 효과적으로 일하도록 「재택근무 증진법」을 통과시켰다.

　서구 국가의 재택근무는 지금 살펴본 것과 같이 오랜 시간 점진적으로 실험을 해왔고 최근 몇 년 동안 다음의 두 가지 배경 때문에 그 확산 속도가 더 가속화됐다. 첫 번째 배경은 2009년 금융 위기 후 장기적인 저성장 구조 속에서 비용 절감의 일환으로 시 · 공간 재설계의 논의가 본격화됐다. 두 번째 배경은 금융 위기 후 고용지표가 취약해짐에 따라 밀레니얼 세대(Millennials Generation)의 기존 사회 시스템에 대한 신뢰가 저하되고 개인 삶의 행복 추구가 사회 전반에 더 팽배해진 것이다. 미국 조사 기관인 갤럽(Gallup)의 미국 근무 환경 실태 조사(2017)에 따르면 조금이라도 재택근무를 하는 비율이 조사 대상 근로자의 약 54% 수준이었다. 유럽은 국가마다

107　IBM, remote-work pioneer, is calling thousands of employees back to the office, Quartz, March 21, 2017

편차가 크지만, 평균 약 12% 수준을 보였다. 이러한 최근 몇 년 동안의 데이터를 보면 팬데믹 이전부터 북미와 영국, 네덜란드, 독일, 노르웨이 등의 유럽 일부 국가는 재택근무 제도를 상당히 활용하고 있었다.

그리고 2020년 갤럽에서 진행한 조사에서 미국 내 코로나19 확산이 본격화된 3월 셋째주부터 재택근무가 급격히 증가해 60% 수준 이상을 계속 유지하고 있다.[108] 여기서 재택근무의 기준을 지난 7일 동안 집에서 근무를 한 경험을 기준으로 했다.

하지만 최근 미국, 유럽 등에서 급격히 확산된 재택근무는 기존에 수행했던 재택근무와는 한 가지 중요한 차이점이 있다. 코로나19로 인해 지역이나 직장이 봉쇄됨에 따라 업무 특성, 담당 업무 그리고 직원의 특성을 차별적으로 고려한 재택근무를 시행하는 것이 아니라 전방위적으로 모든 직원들을 대상으로 재택근무가 확산된 것이다. 따라서 문화적 · 제도적으로 재택근무에 익숙한 미국인과 유럽인들 역시 갑자기 확장된 재택근무의 범위 및 파급력에 적응하느라 힘들어했다.

뉴욕에서 글로벌 부동산투자 회사에 다니는 필자의 지인은 아시아, 중동 시장 담당이라 평소는 해외출장이 많고 뉴욕에 돌아오면 중요한 미팅 또는 보고가 없을 때는 주 하루 또는 이틀은 재택근무를 했다. 그런데 지금 3월 둘째 주부터 4개월째 줌을 이용한 재택근무를 수행하니 정신적, 육체적으로 지친다고 하소연했다. 더욱 놀라운 것은 가족들과의 대화가 확연히 줄어들었다는 것을 어느날 문득 느꼈다는 점이다.

반면, 대한상공회의소가 최근 국내 기업 300여 개 사 인사 담당자를 대상으로 실시한 '코로나19 이후 업무 방식 변화 실태' 결과에 따르면 '코로나19 이후 원격근무를 시행했다.'라고 응답한 기업은 34.3%로, 코로나19

---

108   Reviewing Remote Work in the U.S. Under COVID-19, Gallup, 2020년 5월 22일

이전의 8.3%보다 4배 이상 증가한 것으로 나타났다. 하지만 4배 증가라는 숫자의 함정을 조심해야 하는데, 확진자가 발생한 직장이 방역으로 폐쇄되거나, 밀접 접촉 가능성이 높은 경우 사무실 밀도를 낮추기 위해 재택근무 조를 짜서 조별로 일정 기간씩(1주 또는 2주 단위) 재택근무를 번갈아 하는 정도가 현재 한국기업들의 시행하는 일반적인 재택근무 방식이다. 그러다 보니 언론이 기대하는만큼 엄청난 변화 속에 극적으로 당혹스러워하거나 행복해하는 직장인들의 모습을 보기는 쉽지 않을 것 같다.

최근 일부 대기업들을 중심으로 재택근무에 대한 연구와 시나리오 플래닝을 하고 있다고 하지만 '출퇴근 시간 지키기' 규칙이 직장에서 중요한 덕목인 한국의 기업 문화에서 언제 본격적으로 실행하게 될지는 어렵다. 아마도 금년 내 바이러스 재확산 정도에 따라 우리나라 기업의 미래 근무 방식이 결정될 수도 있다.

하지만 긍정적인 측면이 있다면, 한국은 재택근무와 같은 비대면 방식의 업무를 순조롭게 받아들일 수 있는 인프라가 잘 갖춰진 국가라는 점이다. 42개국을 대상으로 디지털 플랫폼의 견고성, 인터넷 인프라의 트래픽 급증에 대한 탄력성 그리고 디지털 결제 시스템의 확산 정도라는 세 가지 기준으로 평가했을 때 한국은 미국, 영국, 독일, 싱가포르 등 이미 재택근무가 많이 확산된 나라들과 함께 선두 그룹에 속해 있다. 일본은 디지털 플랫폼의 견고성은 한국과 비슷하지만 트래픽 급증에 대한 탄력성 측면에서는 한국 대비 많이 떨어지는 것으로 나왔다. 중국은 두 가지 측면 모두 낮지만, 간편 결제와 같은 디지털 결제 시스템은 앞서 있는 것으로 나타났다.[109]

한국은 하드웨어, 즉 디지털 인프라 측면에서는 선진국들과 비슷한 수

---

109 Which countries were (and weren't) ready to remote work?, HBR, 2020년 4월 29일

비대면 비즈니스 트렌드

준으로 비대면 방식의 업무를 받아들일 준비가 된 것이다. 다만, 오랫동안 사무실에서 근태 및 대면 접촉에 의한 관리에 익숙한 비즈니스 문화가 얼마나 유연하게 변할지에 따라 한국 내 재택근무의 정착 여부가 결정될 것이다. 디지털 기술과 같은 하드웨어도 중요하지만, 진정한 디지털 트랜스포메이션을 달성하려면 기업 문화도 변해야 한다.

재택근무를 통해
파격적인 비즈니스 혁신이 가능한가?

코로나 팬데믹 상황 속에서 현대 경영 관리에 대해 잠시 생각해보자. 많은 학자가 '고객중심경영', '인간존중경영', '조직시민행동 중심' 등을 주장했고 기업에서는 인재 제일을 항상 주창해왔다. 하지만 조직의 성장에 필요한 여러 가지 자원 중에서 '인적자원'은 언제나 경영에 필요한 한 가지 자원일 뿐이다. 그런데 지금의 상황은 조직의 구성원인 직원이 단순히 조직의 성과를 만들어내는 도구가 아니라 조직의 생존을 결정할 수 있는 존재로서 직원 보호가 최고의 목표가 됐다. 종업원이 감염되거나 갑자기 출근을 못하게 되면 당연히 조직의 기반이 흔들리게 되므로 직원이 안전하고 효율적으로 일할 수 있는 방법을 찾아야 한다.

코로나19로 인해 만약 기업과 사회가 직원들을 보는 관점을 바꾸고 기존의 업무 방식과 관리제도를 혁신적으로 바꿀 수 있다면 지금 우리가 겪고 있는 어려움은 미래를 위한 좋은 투자가 될 것이다.

하지만 재택근무는 지금 말한 것처럼 경영 관리 측면의 철학과 관점에만 영향을 미치는 것은 아니다. 오히려 재택근무를 통해 좀 더 현실적인 변화를 가져올 수 있다. 그리고 재택근무를 통해 얻을 수 있는 장점들이 모여 새로운 경영혁신을 이룰 수 있을 것이다.

기업 협업용 소프트웨어 슬랙(Slack)의 CEO인 스튜어트 버터필드 (Stewart Butterfield)가 이번 코로나 팬데믹을 경험하면서 발견한 내용을 살펴보자. 재택근무가 어떻게 경영혁신을 가져올 수 있는지에 대한 단서를 찾아볼 수 있다.[110]

지난 3월, 안전을 위해 9개국의 16개 오피스를 닫기로 결정했다. 슬랙은 채널 기반 메시징 플랫폼 사업을 하고 있기 때문에 대부분의 지식근로자들이 재택근무로 전환하는 것이 어렵지 않았다. 하지만 코로나19로 인해 촉발된 갑작스러운 변화 때문에 그동안 간과하고 잊고 있었던 우선 순위를 깨닫게 됐다. 그 예로 회의를 생각해보면, 그동안 결정을 지연시켜 또 다른 회의를 하게 만드는 요소들, 이를테면 망설임, 모호함, 더 깊은 연구의 요구 등이 곧바로 사라졌다. 재택근무로 진행된 첫 화상 미팅은 1시간이 아니라 22분 만에 끝났고 사업부문 리더들은 긴 프레젠테이션 방식을 버리고 정말 중요한 내용만 30초에서 90초 동안 공유하기 시작했다. 많은 직원이 코로나19로 인해 새로운 책임감과 현실적 문제들에 짓눌려 있는 상황이며 이러한 상황을 인지하고 융통성이 필요한 순간임을 받아들이는 것이 중요했다. 기존 규범들을 엄격히 준수할 필요가 없으며 우리는 결과에 중점을 두게 됐다.

일반적으로 재택근무를 하면 업무 효율성과 생산성이 더 하락할 것이라

---

110 The CEO of Slack on adapting in response to a global crisis, HBR, July-August, 2020, 주요 내용들을 발췌해 정리했음.

고 생각하지만, 현재까지 파악된 바에 따르면 재택근무를 통해 오히려 생산성은 증가하고 있다. 위에서 슬랙의 CEO가 발견한 것처럼, 기업 내 리더와 직원들은 재택근무를 통해 좀 더 업무에 집중하고 불필요한 활동들을 줄이기 위해 노력했다.

또 다른 사례를 찾아보자. 온라인 학습 회사인 '체그(Chegg)'가 2020년 3월 원격 근무를 시작했을 때, 임원인 네이션 슐츠는 생산성이 15~20% 급락할 것이라 확신했다. 그는 직원들이 계속 기존과 같은 방식으로 업무를 유지할 수 있도록 노력했다. 가장 가까운 두 명의 부하 직원과 협업 프로그램인 슬랙(Slack)을 사용해 실시간으로 연락했고 다양한 영상 미팅으로 하루에도 몇 시간씩 그들과 소통하기 시작했다. 그리고 팀의 다른 많은 구성원의 업무 과정을 정기적으로 체크하기 시작했다. 그는 "첫 번째 반응은 거의 질식사 수준이었다."라고 말하며 그런 행동들은 별 효과가 없다는 것을 인정했다. 그 자신도 곧 기진맥진해졌고 지속적으로 온라인상에서 직원들과 소통하는 것이 직원들에게 그다지 인기가 없다는 것을 알 수 있었다. 그래서 그는 느긋해지기로 했다. 그러자 놀라운 일이 일어나기 시작했다. 프로젝트는 예정보다 일찍 완료됐고 직원들은 자진해 새로운 일을 맡겠다고 했다. 생산성이 높아진 것이다![111]

재택근무에 따른 생산성 향상 여부를 조사한 프로도스코어(Prodoscore)라는 데이터분석 회사의 조사 자료를 살펴보자. 재택근무로 인해 많은 사람이 직장 생활의 균형이 깨졌지만, 많은 직원은 현명하고 혁신적인 방법을 활용해 직장생활의 균형을 재정립하고 있다는 것을 알 수 있었다. 약 3만 명의 사용자를 대상으로 1억 개의 데이터를 집계해 분석했는데, 사람

---

111 Are Companies More Productive in a Pandemic? New York times, 2020년 6월 23일

들이 홈 오피스를 최대한 활용하고 있는 방법은 다음과 같이 나타났다.[112]

- 평균적으로 오전 8시 32분에 일을 시작해 오후 5시 38분에 일을 끝낸다.
- 화요일, 수요일, 목요일이 가장 생산적인 날이다.
- 재택근무 전보다 전화는 230%, CRM 활동은 176%, 이메일은 57%, 채팅은 9% 증가했다.

직원들은 재택근무 중 더 집중해 일을 하고 여러 가지 디지털 도구, 즉 CRM 프로그램, 이메일, 메신저 등을 통해 업무를 효율적으로 하고 있다. 사무실에 모여 회의를 할 때 종종 볼 수 있는 긴장감 없고 느슨한 회의 대신, 필요한 부분에 집중해 업무를 진행하고 있다. 또한 재택근무를 통해 불필요한 대면 보고가 감소하고 시도때도 없이 호출하는 상사의 간섭이 줄어들기 때문에 업무 역시 효율적으로 운영될 수 있다. 이러한 생산성 향상을 통해 기업은 더 적은 인력으로 더 높은 성과를 달성할 수 있고 직원들은 더 적게 일하고 더 많은 시간을 개인과 가족을 위해 쓸 수 있게 될 것이다.

그뿐 아니라 재택근무를 통해 기업은 비용 절감 효과를 누릴 수 있다. 모든 직원을 사무실에 모아 일을 하려면 상당히 많은 비용이 든다. 제일 먼저 드는 비용은 '사무실 임대 비용'이다. 만약 현재 사회적 거리두기를 반영해 직원들 간 거리를 2m로 한다면, 앞으로 필요한 사무공간은 지금의 2배 이상 필요할 것이다. 또한 사무실에 필요한 문구류 및 랜선 설치, 사무공간을 위한 테이블과 의자, 프린터와 복사기 그리고 복사용지, 마지막으

112　New Survey Shows 47% Increase In Productivity: 3 Things You Must Do When Working From Home, Forbes, 2020년 5월 20일

로 직원들이 마시는 커피 및 기타 음료들까지 고려한다면 사무실은 정말 돈먹는 하마일지도 모른다.

따라서 재택근무를 통해 꼭 필요한 인력만 사무실에서 근무를 하고 나머지 인력들은 정기적으로 사무실에 출근하거나 자리를 다른 사람과 공유한다면 기업은 적지 않은 비용을 절약할 수 있다. 최근 조사 결과를 보면, 보수적 가정하에서 미국 기업은 반일 기준 재택근무자 1명당 연간 평균 1만 1,000달러를 절약할 수 있을 것으로 추산됐다.[113]

또 다른 연구 결과에서는 생산성 향상, 고정비 절감, 결근 및 이직 감소 등으로 인해 2030년까지 미국 내에서 재택근무로 연간 절감할 수 있는 금액이 무려 4.5조 달러에 달할 것으로 예측했다.[114] 여기서 더 나아가 환경까지 생각하는 기업이라면 엄청난 탄소 배출 감소 효과도 충분히 고려할 요소다.

재택근무에도 부정적인 측면이 있다

재택근무에 대한 회의적인 의견도 적지는 않다. 코로나19 확산 시기에 어느 회사에서 빌딩 방역을 위해 이틀 동안의 재택근무를 권장했는데, 놀랍게도 생각보다 많은 인원이 둘째날 출근을 했다는 것이다. 그 이유는 크게 두 가지였는데, 자녀 때문에 일에 집중이 어렵다는 것과 팀원뿐 아니라 다른 팀과 협의해야 하는데 오랫동안 전화나 채팅 앱을 사용하느니 차라리 그냥 만나서 미팅하는 게 더 편하기 때문이다.

미국 리서치 및 자문 회사 발로어(Valoir)에 따르면, 소셜 미디어는 재택

---

113 Latest Work-At-Home/Telecommuting/Mobile Work/Remote Work Statistics, Global Workplace Analytics, 2019
114 FlexJobs Annual Survey, 2018

배달, 현관 초인종 그리고 개 짓는 소리 등은 재택근무의 흐름을 끊어버린다.

근무에서 산만함과 주의 분산의 가장 큰 원인이었으며 32%의 사람이 소셜 미디어에 정신이 팔려 있다고 말했다. 미국에서는 재택근무를 방해하는 요소로 3D, 즉 Door Bell(현관 초인종), Delivery(택배), Dog Barking(개 짓는 소리)를 꼽는다고 한다. 사람들은 이런 산만함 속에서 하루에 거의 10시간씩 일하는 것이다.[115] 많은 조사 연구에서 재택근무 시 일하는 시간이 오히려 더 늘었다는 것은 아마도 이런 현상들이 반영된 결과일 것이다.

재택근무가 장기화됐을 때, 양질의 커뮤니케이션과 협력, 집단 창의력을 저하시킬 가능성이 있다는 의구심 역시 적지 않다. 야후(Yahoo)의 CEO 마리사 메이어(Marissa Mayer)는 '사람은 얼굴을 맞대고 있을 때 더 협력적이고 혁신적'이라는 이유로 직원들의 재택근무를 허용하지 않았고 레딧(Reddit)과 베스트바이(Bestbuy), 심지어 IBM도 같은 노선을 걸었다. 스티브 잡스도 직원들이 서로 섞여서 일하는 물리적 공간 만들기에 집착했다.

그리고 재택근무를 전격적으로 확대 적용하겠다고 발표한 페이스북, 트위터와 달리, 마이크로소프트의 CEO 사티아 나델라(Satya Nadella)는 뉴욕타임즈와의 인터뷰에서 장기화되는 원격근무로 인해 발생할 수 있는 부작용으로 커뮤니케이션의 부재를 우려했다. 서로 다른 공간에서 일을 하

115 Working from home: Average productivity loss of remote work is 1%, ZDNet, 2020년 5월 11일

는 만큼 업무 외적으로 마주칠 수 없어지면서 기업 내 연결성이 부족해지거나 커뮤니티 형성이 어려워질 수 있다는 것이다. 그는 "재택근무는 기존 사회적 자본을 포기하는 일이 될 수 있으며 이를 대체할 수 있는 방안이 있는지 묻고 싶다."라고 말했다.[116]

또 다른 측면을 살펴보자. 재택근무를 하게 되면 업무 관련 커뮤니케이션은 예외 없이 영상 솔루션, 메신저, 메일, 스마트폰으로 이뤄진다. 사무실에서 일할 때와 달라진 것은 영상 솔루션뿐이다. 업무에 대한 압박감은 사무실을 벗어나더라도 사라지지 않을 수 있다. 업무 때문에 끊임없는 화상회의에 참여해야 하는 사람은 정신적 피로에 대한 면역력을 상실할 수도 있다.

뉴욕에 있는 지인의 4개월 동안의 재택근무 생활상을 들어보자. 처음엔 모두들 '이 또한 지나가리라.'는 생각으로 화상으로 농담이나 주변 이야기를 좀 하다가 업무를 시작하는 등 큰 불편함이 없었다. 원래 가끔씩 하던 것이었으니까…. 그러다 시간이 지날수록 미팅이 짧아지기 시작하더라는 것이다. 회사에서 간간히 화상으로 맥주나 와인 파티를 하면서 스트레스를 해소하는 시간을 가지라고 해 몇 번 동료들과 화상으로 와인 파티를 했는데 처음에는 재미있어 하더니 모두들 금세 시들해져서 그마저도 하지 않게 됐다. SNS를 통해 그런 소규모 화상 파티 사진을 흔히 볼 수 있었고 언론 기사나 학자들도 격리로 인한 고립감이나 외로움, 무료함을 달래기 위해 영상 티타임이나 파티를 즐기라고 권하지만 실효성은 없었다고 한다. 특히 영상 미팅을 많이 한 날은 굉장히 피곤한데 왜 그럴까 생각을 해보니

116　Are Companies More Productive in a Pandemic?, New York times, 2020년 6월 23일

우선 여러 사람이 참여할수록 화면에서 오는 압박감이 커지고 참여자들의 표정과 제스처, 말투에 더 집중해야 하기 때문에 대면 미팅보다 더 에너지를 소모해야 한다. 더욱이 영상이나 음성의 끊어짐이 반복될 때는 더 신경을 쓰게 된다는 것이다.

이처럼 재택근무는 직원들 간의 원활한 커뮤니케이션을 약화시키거나 우연히 사람과 만나서 갑자기 좋은 아이디어를 떠올리는 경험을 없앨 수 있다. 또한 화상을 통한 재택근무는 생각보다 많은 스트레스와 업무 강도를 요구한다. 이런 요인들 때문에 재택근무에 대한 회의적 인식 역시 존재한다.

재택근무를 위한 핵심 준비사항

재택근무를 도입하고 있거나 향후 심각하게 도입을 검토하고 있는 조직이라면 무엇을 해야할지 정리해보자. 기업과 개인 모두 심리적으로나 기술적으로 무장돼야만 생산적인 변화를 도모할 수 있다. 우선 조직의 입장에서 필요한 것들은 다음과 같다.

리더는 유연한 마인드를 갖고 긍정적 상황을 이끌어내야 한다

현재 우리가 살아가는 이 시간은 누구도 평생 겪어보지 못한 엄청난 혼돈의 소용돌이 속에 있다. 많은 사람이 공포까지는 아니더라도 불안한 감정을 계속 지니고 있다. 그렇다면 리더는 조직을 '안전'한 곳으로 만들어야 하며 안전한 토대에서 조직의 생존을 유지시킬 방법을 고민하고 실천해야 한다. 장기적으로 보면, 변화와 싸우는 것은 득보다 실이 많을 수 있다. 경영자가 새로운 시도를 주도하고 경영자가 직접 느껴야 한다. 앞서 슬랙

CEO의 경험담이 바로 그런 것이다. 일단 현실을 인정하고 시도하고 보완하는 신속한 반복 구조를 가져가는 것이 각 산업의 공통 '전략'이다.

유연한 업무 방식에 적합한 관리 시스템을 구축해야 한다

아직도 우리나라의 많은 조직은 연간 중간점검 1회, 정기평가 1회의 주기로 성과관리를 하고 있다. 대략 6개월의 사이클에 따라 평가가 진행되는 셈인데, 관리자들이 열심히 기록을 해두지 않으면 직원들이 했던 특정한 이벤트 외엔 기억이 잘 나지 않는다. 재택근무를 하게 되면 더욱 난감해질 것이다. 화상으로 종일 모니터링 하면 된다고? 감시하는 게 업무라면 어쩔 수 없겠지만, 이런 상황이면 상시 성과관리 시스템을 도입해야 한다. 대략 5년 정도 전부터 GE, 구글, 어도비 등 글로벌 기업들이 클라우드 기반의 상시 성관관리 시스템을 도입하기 시작했는데, 이는 과제 단위의 커뮤니케이션(보고와 피드백)을 앱으로 기록해 데이터로 축적해가며 특정 시기에 종합 리뷰를 할 수 있는 방식이다. 또한 공간적으로 떨어져 일을 하게 되면, 자연스럽게 결과 중심의 성과관리에 치우칠 수밖에 없기 때문에 과정 관리를 상시 성과관리시스템에서 보완할 수 있게 된다.

근태 관리 시스템 또한 변해야 할 것이다. 지금은 회사 출입시 시스템에 기록이 남지만, 재택근무를 할 경우 근태 관리를 어떻게 할 것인지 새롭게 설계돼야 할 것이다. 사실 원격근무를 허용한다는 것 자체는 일정 부분 업무의 자율권을 위임할 수밖에 없는 구조다. 상사가 모니터로 집에서 근무하는 모습을 하나하나 녹화하고 감시하는 시스템을 갖추고 일한다고 상상해보라. 아마도 대부분의 직원들은 디지털 감옥이라 받아들일 것이다. 가장 유연한 방법은 회사 차원의 근태 관리가 아니라 조직관리자가 업무 시간을 직접 관리하는 것이다.

커뮤니케이션 시스템을 강화해야 한다

기본적인 관점은 간단하다. 재택근무를 하는 직원들이 사무실에 있는 것처럼 똑같이 필요한 자원을 활용하고 접근할 수 있도록 시스템적 지원을 제공해야 하며 회사 사무실에 근무하는 직원들이 그들과 협업하는 데 지장이 없도록 해야 한다.

우선 무엇보다 선행돼야 할 것은 네트워크와 데이터 관리 및 보안에 대한 투자다. 코로나19 확산 이후로 오프라인 만남이 줄어듦에 따라 디지털 커뮤니케이션이 폭발적으로 증가했다. 대기업은 문제가 없겠지만 그보다 규모가 작은 기업들에서는 화상 커뮤니케이션 시 네트워크 과부하로 시스템이 마비되는 경우를 많이 경험했을 것이다.

다행히 수년 동안 협업 솔루션은 많은 기술적 성과를 달성해왔기 때문에 이를 도입하고 활용하는 데는 큰 문제가 없을 것이므로 적절한 솔루션을 채택하는 것이 더 중요할 것이다.

적절한 재택근무 방침을 설계해야 한다

재택근무 관련된 외국의 조사 결과에는 장단점이 공존하지만, 전반적으로는 재택근무의 효과성을 좀 더 긍정적으로 평가하고 있고 전통적인 집합 근무 시대는 끝났다고 선언하고 있다. 현재 다양하게 적용하고 있는 재택근무를 위해 적절한 근무 방식을 설계해야 하는데, 일과 직원에 대한 경영진의 관점, 권한 위임 수준, 인프라 수준 등에 따라 적용이 달라질 것이다.

최근 조사 결과에 따르면, 집중적 업무(재택)와 협력적 업무(사무실)의 가장 균형잡힌 수준은 일주일에 2~3일 정도의 재택근무 시행으로 나타났다.[117] 현실적으로 협업 형태의 업무 수행이 많고 적절한 긴장감과 업무 분

---

117 Global Workplace Analytic's observation of clients and case studies, 2020

위기 전환을 위해서는 일반적으로 풀타임 재택근무보다는 파트타임 재택근무가 더 효과적일 것이라 예상된다.

그리고 재택근무에 적합한 직무들을 선정하는 것이 중요하다. 일반적으로 재택근무에 적절하다고 보는 직무들은 IT 직군의 직무들이 가장 많으며 디자인, 회계, 고객 서비스 등 독립적으로 수행되는 업무가 우선 고려 대상이지만, 기술 발달로 이제는 원격 수행이 가능한 업무들은 더욱 확장될 가능성이 있다.

원격 업무가 가능한 직무를 검토하는 것 외에 부가적으로 고려할 만한 요인이 하나 더 있다. 재택근무가 모든 사람에게 효과적이지는 않으며 특히 개개인의 성격 요인들이 크게 작용한다. 사무실에서 일할 때도 미루기를 잘하고 어려운 과제를 회피하고 집중력이 높지 않은 사람이 재택근무에서 성과를 낼 수 있다고 상상할 수 있을까? 회사는 출퇴근, 시간, 복장 등 명시적 또는 암묵적 규범이 명확한 공식적인 공간이기 때문에 구성원들은 회사가 자신에게 기대하는 바를 충분히 인지할 수 있다. 그러나 회사에서 멀어지면 스스로를 통제하기 어렵다. 사실 많은 경영진과 관리자들이 갖고 있는 재택근무에 대한 회의적 시각은 어떤 면에서 타당한 것이다. 관리자들은 성과관리 시스템을 통해 평가와 피드백을 정교하게 설정해 적절한 개별 관리 포인트를 찾아야 할 것이다.

또한 원격으로 근무하는 것이기 때문에 관리자와 구성원들에게 효과적인 커뮤니케이션 방법과 규칙, 협업 도구의 활용 및 행동 규칙, 비상 시 상황에 대한 대처 시나리오 같은 것들 역시 재택근무 가이드라인으로 만들어 제공하고 교육할 필요가 있다.

재택근무에 참여하는 직원들의 자세

이번에는 재택근무를 하는 개인들이 어떤 준비를 해야 하는지 알아보자.

업무를 위한 공간을 확보해야 한다

사람뿐 아니라 동물들조차도 특정 공간과 행동을 매칭시킨다. 목적에 맞는 공간에서 특정 행동을 집중할 수 있다는 것은 경험적으로 모두 알고 있을 것이다. 이를 '영역 특이성(Domain Specificity)'이라 한다. 우선 재택근무를 효과적으로 하려면 업무를 보는 공간을 정해 정리해야 한다. 물론 업무 시간 동안은 본인 혼자만이 사용할 수 있는 공간을 확보해야 한다. 또한 가능하면 TV, 침대와 같은 유혹거리가 바로 옆에 있지 않는 공간이 좋을 것이다. 매우 단순하지만 중요한 규칙이다.

업무와 개인 삶의 경계 구분하기

앞서 봤던 재택근무로 인한 소진(Burnout) 현상이 생기지 않도록 일정 관리와 자기관리를 해야 한다. 사무실에 오가는 출퇴근 시간은 의식하지는 못하지만 사실 일종의 준비시간이다. 그런데 그런 출퇴근 시간이 몇 분밖에 걸리지 않기 때문에 나름의 어떤 의식을 만드는 것이 의미 있을 것이다. 예를 들면, 출근할 때처럼 씻고 옷을 갈아입는 활동을 들 수 있다. 재택근무를 할 때 대부분 화상 프로그램을 일하는 동안 계속 켜놓기 때문에 그 자체가 일종의 의식 행위가 될 수도 있지만, 이는 사무실에 도착해 컴퓨터를 켜는 것과 마찬가지인 활동이다. 따라서 재택근무를 할 경우, '이제 회사에서 일을 시작한다.'와 같은 자기 암시가 가능한 추가 행위가 필요한 것이다.

업무와 개인 삶의 경계를 구분하려면 본인 혼자만의 노력으로는 부족하며 함께 일하는 이들의 지원이 반드시 필요하다. 효과적이고 효율적으로 일하려면 상사와의 업무 우선순위, 일정관리 등에 대해 명확한 커뮤니케이션을 해야 한다. 또한 상사와 동료들은 업무 시간이 종료된 후 긴급한 상황이 아닐 경우 최대한 타인들의 생활을 존중해야 한다.

사실 주 52시간 정책 도입 전에도 주말근무로 재택근무를 경험한 사람은 많았다. 그 시기의 경험을 상기해볼 필요가 있다. 어느 회사 직원은 주말 동안 재택근무를 할 때 팀장이 전화와 문자를 대략 하루에 50통은 보통이고 100통을 넘게 하는 경우도 많았다. 왜 그 팀장은 비상 사태가 발생한 경우도 아닌데 그런 행동을 하는 걸까? 업무의 열정과 완벽함 추구 때문이라고 생각하는가? 그렇게 많이 연락을 했다는 것은 전체적인 어떤 고민을 제대로 하지 않고 그때그때 떠오르는 생각이나 궁금증이 있으면 그냥 연락하는 것이다. 그 팀장은 두 가지 심각한 문제를 갖고 있는데, 그것은 구조화된 사고력이 취약하고 공감 능력이 없는 사람이다. 그런 유형을 가진 관리자들의 공통점은 윗분들의 사랑을 받는 반면, 팀원의 이직률은 높다는 것이다. 강력한 리더십을 보유한 리더는 개인에 대한 존중과 통제력을 모두 갖고 있다.

재택근무의 미래는 어떠할까?

최근 많은 기사와 조사 결과를 살펴보면, 재택근무의 확산은 사람들을 다시 사무실로 불러들이기 어려울 것이라 예측한다. 과연 그럴까? 이러한 주장은 한국과 달리 미국과 유럽에서 전염병 규모가 훨씬 컸기 때문에 그들이 느끼는 위기감과 변화의 양상이 급진적이었기 때문이라 생각한다. 아마도 미국과 유럽, 중국은 바이러스 사태가 진정되거나 종식된다면, 그 이전보다 재택근무를 유지하는 기업, 기관들이 확실히 많아질 것이지만, 한국은 그 정도 수준까지는 아닐 것이라 예상된다. 하지만 장기적으로는 재택근무를 포함한 원격근무는 우리도 점차 확산될 것이 명확하다.

트위터와 페이스북이 장기적으로 전 직원의 재택근무를 목표로 한다고 발표했지만, 그건 결국 재택근무를 포함한 원격근무 형태가 될 가능성이 높다. 또한 우선 코로나 사태 이후엔 전 세계적으로 재택근무와 대면 근무의 효과적 조합이 점점 더 많아지리라 생각한다.

노동의 세계는 빠르게 변하고 있다. 기대수명이 길어지고 노동시장의 구조가 변하면서 우리의 직장생활은 더욱 복잡해졌고 우리가 오랫동안 해왔던 일하는 방식은 앞으로 새롭게 변화할 것이다. 탄소 배출에 미치는 모든 연쇄효과와 더불어 엄청나게 많은 사람이 출퇴근을 위해 일주일에 10번씩 일정한 장소를 왕복하는 행위가 사회 전체적으로 봤을 때 매우 비생산적이라는 생각을 이번 코로나19 사태를 통해 인식하게 됐고 저성장 구조 속에서 기업은 더 생산적인 조직 운영 방식을 심도 있게 고민하는 계기가 돼야 한다. 그 중심에 일 방식의 변화가 있어야 할 것이다.

이제부터 우리 일상의 또 다른 중요한 축을 이루는 교육 분야에서 어떤 변화가 있는지 살펴보자.

2020년 강요된 교육 혁명

제2차 세계대전 이후 전 세계 거의 모든 나라가 비슷한 시기에 학교와 교육기관들이 패쇄된 것은 처음인데, 아마도 세계대전 시기보다 더 큰 규

한국은 4월부터 온라인 수업을 시작했다.

모의 패쇄일 것이다. 세계경제포럼(World Economic Forum)은 186개국에서
시행된 학교 패쇄로 인해 약 12억 명 이상의 어린이가 교육에 영향을 받고
있다고 추산했다.[118] 구글 클래스(Google Class)와 같은 학습관리시스템은
이런 혼란기에 수업이 원거리 연결과 효율적인 의사소통, 조직화된 상태를
유지하는 데 도움을 주고 있다. 대부분의 나라들은 이번 팬데믹 기간 동안
원격 교육, 온라인 학습을 지원하기 위해 관련 기업들과 협력해 다양한 디
지털 기술을 적극적으로 활용하려고 노력하고 있다.

한국은 지난 4월 사상 처음으로 온라인 개학을 시작하면서 '원격수업'
이라는 한 번도 가보지 않은 새로운 길로 들어섰다. 5월 20일부터 정부의
'생활 속 거리두기' 전환에 따라 등교수업이 순차적으로 재개됐지만, 바이
러스 확진자 발생에 따라 학교는 문을 열었다 닫기를 반복했고 향후 바이
러스 확산 가능성이 지속적으로 제기되고 있어 원격수업 상황은 장기화할

118 The COVID—19 pandemic has changed education forever, WEF, 2020년 4월 22일

가능성이 매우 높다.

　재택근무를 갑자기 시행한 기업들보다 학교의 상황은 훨씬 더 취약하고 우려스럽다. 코로나19는 우리 사회에서 가장 변화가 느렸던 학교 현장에 가장 빠른 변화를 요구하고 있는 것이다. 교육당국, 교사, IT 업체들이 매우 짧은 시간 동안 인프라와 접속 장애 해소에 집중할 수밖에 없었고, 장기적인 계획하에 준비되지 않은 원격수업은 아직 많은 개선 노력이 필요해 보인다. 실시간 쌍방향 수업이 진행되는 학교는 약 12.9%에 불과하며 원격 수업에 따른 학습 공백을 최소화하기 위해 교육 현장에서는 실시간 쌍방향 수업을 늘려야 한다는 요구가 끊임없이 제기돼왔다.[119] 무엇보다 교육은 한국의 모든 사람이 관심을 갖고 지켜보는 분야이므로 온라인 수업을 준비하는 담당자들의 긴장감은 말로 표현할 수 없다.

　현재 진행되고 있는 대부분의 원격수업은 학습콘텐츠를 시청하고 과제를 수행하는 방식으로 진행되는 전형적인 인터넷 강의 형식이다. 학부모들의 의견을 가장 잘 알 수 있는 맘카페에 올라오는 글들을 보면 온라인 과정을 잘 따라가고 흥미를 느끼는 아이들도 있지만 대부분의 학생은 아직도 적응하기 힘들어하는 분위기다. 특히 일방적인 학습 전달과 엄청난 과제만 쏟아내는 인터넷 강의에 학생과 부모가 모두 스트레스를 받는다는 말들이 많이 올라와 있다. 이 현상들은 전 세계 학생에게 동일하게 나타나고 있는데, 전 세계 다양한 도시의 학생들에게 '지금 하고 있는 원격수업에 대해 어떻게 생각하는지' 묻는 질문에 가장 많은 대답은 친구, 선생님, 운동, 과외활동뿐 아니라 시끄럽고 정신없는 학생 식당조차 그립다는 것이다. 일부 학생은 자신의 학습 페이스를 조절하고 스스로 일정을 수립할 수

119　유은혜, "교육 격차 해소 위해 실시간 쌍방향 수업 확대 논의", 연합뉴스, 2020년 7월 15일

있어서 좋다고 말했다.[120]

반면, 상급학생은 상황이 좀 다른 것 같다. 크게 두 가지가 변수가 있는데, 학습의 목적과 효과에 대한 인식 차이가 있고 또 다른 한 가지는 부모의 통제력 정도가 다르다는 것이다. 초등학생들 중 목표의식을 갖고 학교를 다니는 학생이 몇 명이나 될까? 또한 학습 효과가 얼마나 있는지 질문했을 때 그걸 설명할 수 있는 학생은 몇 명이나 될까? 하지만 중·고등학교로 올라가면 학교, 학습 등에 대한 인식 수준이 달라지며 초등학생에 비해 부모의 통제에서 약간은 자유로울 수 있다.

중·고등학생들에 대한 조사 자료들이 없어 일부 인터뷰를 해봤더니, 학생들은 온라인 수업에 크게 신경 쓰지 않는다는 사실을 알 수 있었다. 왜냐하면 부족한 부분은 어차피 추가 학습, 예를 들어 학원, EBS 등을 통해 보충할 수 있기 때문이다. 이런 측면에서 원격수업이 본인들의 시간 활용에 더 효율적이라고 이야기한다. 단순히 지식을 가르치는 것은 EBS나 '일타' 강사들이 학교보다 더 잘 가르치기 때문에 온라인 수업에서 굳이 많은 걸 바라지 않는 것이 당연할 수 있다. 또한 초등학생들과 달리 별도로 친구들과 스트레스를 해소할 수 있는 시간을 나름대로 통제할 수 있다.

교사는 멀티 탤런트!

지난 4월 교사 340명을 대상으로 설문조사를 실시한 결과, 온라인 학급을 운영하는 데 가장 어려운 점으로 학생들과의 소통(27%), 영상 제작(24%), 라이브 수업(17%)을 꼽았다. 이에 따라 교사 지원 연수로 가장 필요한 것은 영상 제작 방법(39%), 온라인 수업 운영 사례(22%), 온라인 수

120 What students are saying about remote Learning, New York Times, 2020년 4월 9일

업 툴(Tool) 사용 방법(18%) 순으로 응답률이 높았다.[121] 이 조사 결과를 보면 교사들에게 당장 필요한 것은 온라인 학습 콘텐츠 개발과 운영과 같은 테크니컬 역량 확보이며 학습 효과 제고나 소통 전략은 그다음 순위라는 것을 명확하게 알 수 있다. 다행히도 최근 10년동안 꾸준히 성장해온 에듀테크(Edutech) 시장 덕분에 기술적인 적용은 현재의 팬데믹 상황 대응에도 큰 무리가 없다. 구글, 애플, 마이크로소프트, 아마존, 맥그로우힐 같은 메이저급 기업들이 미래 고객 선점을 위해 다양한 원격수업 관리 솔루션을 제공하고 있지만, 무엇보다 많은 학습 시간 투자가 필요한 것은 영상 제작 및 편집 기술이다. 앞으로 비대면 트렌드에 따라 교육 분야 종사자의 중요한 역량 중 하나는 콘텐츠의 기획 역량임을 명심해야 한다. 콘텐츠 제작 및 편집을 아웃소싱하더라도 고품질의 콘텐츠 제공을 위해서는 기획자로서의 역할을 반드시 발휘해야 한다.

미국 교사의 콘텐츠 개발 사례를 살펴보자.

팬데믹 이전, 교사들은 스마트폰과 컴퓨터에 너무 많은 시간을 소비하는 학생들로 인해 어려움을 겪고 있었다. 하지만 이제 학생들이 교육을 받기 위해 디지털 기기에 의존할 수밖에 없게 된 것이다. 그럼에도 불구하고 교사들은 학생들이 디지털로 시간을 허비하지 않도록 하기 위해 교과 과정에 건강함을 강조하려고 노력하고 있다.

미국에서 체육 교사로 근무하는 카일 존스는 그의 원격 수업을 개인의 웰빙(Well-being)에 집중시켰고 학생들에게 하루 동안 다른 방식으로 운동할 수 있는 다양한 방법을 제공하기 위해 다른 교사들과 함께 비디오를 제작했다. "우리의 원칙은 학생들이 별도의 장비 없이 따라할 수 있는 콘텐

---

121 동아에듀, '미래학교를 위한 온라인 수업', 2020년 4월 10일

츠와 참여 기회를 제공하는 것 입니다."라고 말한다. 그의 콘텐츠 목록에는 요가, 태극권, 무술, 필라테스, 명상 그리고 아이들이 가족과 함께 할 수 있는 간단한 발놀이 등이 포함돼 있다.[122]

위기의 대학이 나아갈 길은?

오래전부터 전문가들은 저출산으로 인한 학령인구 감소로 많은 학교들이 폐교의 길을 걸을 것이라고 줄곧 이야기해왔다. 조선일보와 2019년 말 진행된 '신년기획 인터뷰'에서 미래학자 토마스 프레이(Thomas Frey)는 대학 학위가 '신분의 상징'이었던 시대는 끝났으며 명문대 학위 하나로 평생을 먹고살던 시대는 가고 끊임없는 재교육과 세세하게 개인 능력을 평가하는 '정량화된 자아(自我)'의 시대가 온다고 주장하면서 다음과 같이 언급했다.

"지금 어린 세대는 평생 8~10개 직업을 바꿔가며 일하게 될 것이다. 이를 위해 매우 구체적인 기술 재교육이 필요하다. 예를 들어 3D 프린팅 디자이너, 드론 파일럿이 되는 걸 배우는 거다. 다시 대학으로 돌아가 2년간 공부해 새로 학위를 따는 건 말이 안 된다. 그 대신 2주~2개월짜리 짧은 교육에 대한 수요가 크게 높아질 것이다. 그런 교육을 제공하는 '마이크로 대학(Micro College)'이 대세가 된다. 정년을 보장받은 교수들이 포진한 기존 대학들은 방향을 돌리기 쉽지 않을 것이다."

대부분의 미래학자는 미래에 대한 생생한 메시지와 이미지를 던져주기 위해 극단적이거나 단정적인 표현, 자극적인 표현을 잘 동원하지만 토마스

---

122   Online schooling has a tech issue that no apps can fix, The verge, 2020년 4월 20일

프레이의 의견들은 이미 수년 전부터 우리가 체감하고 있는 것이기에 전혀 과장돼 보이지 않는다. 그의 주장들이 매우 타당하게 와닿는 이유는 크게 두 가지인데, 첫 번째 이유는 비약적인 디지털 기술 발전으로 온라인을 통한 비대면 교육이 꾸준히 성장했기 때문이고 두 번째 이유는 기대 수명이 길어짐에 따라 평생교육에 대한 사회적 요구가 증가했기 때문이다. 지금부터는 비대면 방식으로 진행되는 온라인 교육에 대해 자세히 살펴보자.

MOOC 전성시대

토마스 프레이가 강조한 '마이크로 대학'의 전형적인 모델은, 수천년 역사의 오프라인 교육체계를 붕괴시킬 것이라는 기대를 한몸에 받고 있는 온라인 공개 강좌인 무크(MOOC, Massive Open Online Courses)다. 코세라(Coursera), 유다시티(Udacity), 에드엑스(edX) 등과 같은 무크는 세계 최고 수준의 대학들, 스탠퍼드, 하버드, MIT, 예일, 프린스턴, 펜실바니아, 듀크 대학 등의 교수진들이 참여해 서비스를 시작한 지 1년여 만에 196개 국가에서 230만 여 명의 학생들이 동영상 강의를 시청하고 있다. 또한 온라인의 학습 경험이 오프라인의 성과로 이어지는 사례를 계속 보여주고 있다. 예를 들어, 2013년 스위스 다보스 포럼에서는 파키스탄에서 온 12살 카디자 니아지(Khadija Niazi)가 코세라와 유다시티에서 무려 100여 개의 물리학 관련 강좌를 수강한 경험을 발표했고 몽골의 바투시 미안간바야(Battushig Myanganbayar)는 15살에 무크를 활용해 MIT의 공학강좌를 수강하고 테스트에 만점을 받아 MIT에 입학하는 매우 고무적인 사건들이 이어졌다.

8년이 지난 현재, 여러 가지 무크 프로그램에 1억 1,000만 명의 수강자

대규모 온라인 공개 강좌를 의미하는 MOOC는 현재 비대면 학습의 가장 중요한 형태다.

와 900개 이상의 전 세계 대학이 참여하고 있고 1만 3,500여 개의 학습 과정, 820여 개의 마이크로 자격증, 50여 개의 학위 과정이 제공되고 있다.

클래스 센트럴(Class Central, 무크 관련 데이터 분석 에이전시)에 따르면, 미국에서 코로나19 확산이 본격화된 3월 중순부터 무크 강좌를 찾기 위해 방문한 학습자 수가 900만 명에 이르렀고 코세라의 경우 30일 동안 1,000만 명이 넘는 학습자가 강좌 등록을 했는데, 이는 작년에 비해 무려 644%나 증가한 것이다. 한국의 대학들 또한 이번 위기를 맞으면서 역진행 학습(Flipped learning)[123] 방식을 적용하기 위해 해외 무크와 K-무크에 대한 활용이 크게 늘었다. 무크를 통해 영상이나 문서로 된 사전학습 자료를 먼저 공유하고 실시간 영상강의에서 주요 내용을 다시 한번 다루거나 토론을 진행하는 새로운 표준이 시행된 것이다.

대규모 온라인 공개 강좌(MOOC)의 성장 규모에 가려져 있었지만 비대

---

123 제공한 자료(영상, 논문 자료 등)를 사전에 학습하고 강의실에서는 토론, 과제 풀이 등을 하는 형태의 수업 방식을 말한다.

면 고등교육의 정수는 미네르바 스쿨(Minerva school)이다. 무크보다 2년 정도 후에 오픈한 미네르바 스쿨은 우리 대학 교육이 가야할 미래다. 세부적인 운영 구조를 보면 기존 대학들이 갖고 있던 취약점을 극복하기 위한 엄청난 고민이 담겨 있는 것을 알 수 있다.

창립자인 벤 넬슨(Ben Nelson)은 대학이 미래 인재를 양성하는 데 제역할을 못하고 있다는 문제 의식을 갖고 있었고 현재 대학들이 갖고 있는 문제점들은 대학들이 과거 교육 방식을 그대로 유지하면서 건물을 올리고 스포츠팀에 투자하는 데만 골몰하고 있는 것이라고 판단했다. 그는 미래 사회에 필요한 인재를 양성하는 교육 본연의 목표에 집중하고 싶었고 그래서 강의실을 없애고 학생들을 세계 각지로 보냈고 수업은 온라인을 통해서만 진행하도록 하는 모델을 만들었다.[124]

미네르바 스쿨의 핵심적인 특징을 살펴보자. 우선 캠퍼스가 없고 4년 동안 세계 몇 개 도시(샌프란시스코, 런던, 베를린, 서울, 하이데바라드, 타이페이, 부에노스아이레스)를 돌면서 기숙사 생활을 한다. 수업은 온라인으로만 진행하고 수업 외 시간은 프로젝트 과제 또는 그 지역 사회 또는 기업과 일종의 산학협력 과제를 수행한다. 여기서 중요한 몇 가지 사항들을 확인해보면, 학비가 저렴한 대신, 고정비용을 최소화하고 다양한 학습경험에 기반을 둔 글로벌 인재 육성 프로그램에 집중하고 있으며 온라인 클래스는 20명 이하로만 구성하기 때문에 온라인이라 하더라도 높은 집중도와 교수와 학생 간 커뮤니케이션 강도를 유지할 수 있다. 최근 만났던 국내 대학의 교수는 인터넷 강의를 하는 데 수십 명이 들어오니 화면을 봐도 정신이 없고 딴짓 하는 학생들이 많이 보이는데 본인도 강의에 집중을 해야 하니 신경이 쓰여도 뭐라 할 수 없다고 하소연하는 것과 큰 차이를 느낄 수 있다.

124 미네르바스쿨 "올해 첫 졸업생 진로 아이비리그보다 성과", 이코노미조선, 2019년 5월 11일

또한 '액티브 러닝 포럼'이라는 학습 플랫폼은 '수준별 맞춤 학습', '완전한 능동형 학습', '체계적 피드백'이라는 미네르바의 세 가지 교육 방식을 가장 효과적으로 구현하고 있다. 온라인 중심으로 학습이 운영된다고는 하지만 오프라인 경험과 학습도 중요시하고 있는데, 온라인 수업 외 시간에 교수들과 학생들의 교류기 많고 프로젝트 과제들이 온라인 학습 편중의 부족함을 충분히 채워주는 구조다.

이미 시작된 비대면 교육 혁신

코로나 팬데믹을 맞아 다시 돌아보게 된 여러 나라의 심층 탐구 자료와 기사들을 종합해보면, 수세기 동안 대면 강의에 기반을 둔 교수법, 고착화된 제도적 편견, 열린 사고의 부족 등은 단지 한국 교육만의 문제가 아니라 전 세계적인 문제라는 생각이 든다. 코로나19는 전 세계 교육기관들이 비교적 단기간에 혁신적인 솔루션을 모색하는 촉매제가 됐을 뿐이다.

무크(MOOC), 테드(TED) 같은 온라인 콘텐츠를 통해 좀 더 많은 수강생을 대상으로 비대면 강의가 지속된다면 기존의 대면 기반 교육기관들의 역할과 입지가 줄어들 가능성이 매우 크다. 수준 높은 강의와 전달력이 뛰어난 교수와 명문 대학의 강의가 새로운 기술을 활용해 지금보다 훨씬 접근성이 좋아진다면 당연히 거기에 학생들이 몰리게 될 것이다. 결국 기술 기반의 교육 효과성을 얼마나 확보하느냐가 미래 대학의 경쟁력이 될 것이다. 물론 여기서 기술 기반의 교육은 당연히 진화된 비대면 프로그램들을 의미한다.

앞서 살펴봤던 무크와 미네르바 스쿨 그리고 (이 책에서는 설명하지 않았지만) 이들보다 앞서 초·중·고교를 대상으로 인터넷을 활용한 비대면 교육을 시작한 칸아카데미(Khan Academy)의 실험 정신과 이들의 학습 플랫폼에 대한 연구를 진지하게 살펴봐야 한다. 그리고 이들을 통해 우리가 비대면 학습으로 무엇을 배울 수 있을지를 고민해야 한다.

모든 기업 교육은 영상으로!

국내 모든 기업의 오프라인 교육 프로그램은 2020년 2월 중순경부터 중단됐다. 아마도 회사 내에서 교육 부서만큼 단숨에 모든 업무가 중단된 부서는 없었을 것이다. 대부분의 기업은 일시적인 멈춤이라고 생각해 기존 교육일정을 한두 달 연기한다는 정도로만 여기고 별다른 대응책 없이 기다려보자는 입장을 갖고 있었다. 하지만 시간이 흘러도 언제 다시 집합 교육이 가동될지 알 수 없는 상황이 지속되자, 교육부서들은 사업계획을 급하게 수정해야 했다. 회사마다 정도의 차이는 있지만 교육부서들은 한두 달 휴지기를 가진 후에 코로나 팬데믹 시대에 필요한 교육이 무엇인지 고민하기 시작했다. 어느 회사의 경우 '바이러스 대응 TF'와 교육부서가 협의해 당장 제공해야 할 교육 프로그램을 선정했고 그에 따라 코로나19에 대한 이해, 사회적 거리두기와 위생관리, 비대면 업무 방식 가이드라인, 화상 솔루션 활용 방법, 재택근무를 포함한 유연근무제 이용 방법 등에 대한 온라인 콘텐츠를 만들어 비대면 교육을 시행했다. 그리고 빠른 기업은 4월부터 소규모의 대면 교육을 서서히 시작했지만 여전히 매우 조심하는 분위기다.

기업 교육과 관련해 최근 주목받고 있는 온라인 교육 플랫폼이 있다. 우선 다음 수치를 살펴보자.

- 등록 고객 425% 증가
- 강사 과정 개설 55% 증가
- 기업 및 정부의 활용 80% 증가

이 수치는 전 세계적으로 코로나19의 엄청난 확산 시기인 지난 3~4월 두 달 동안 '유데미(Udemy)' 서비스 유입 실적이다. 유데미는 2010년 미국에서 창립된 개방형 동영상 교육 플랫폼이다. 셧다운과 사회적 거리두기로 집에 머무는 시간이 길어짐에 따라 전 세계적으로 온라인 학습이 폭발적으로 늘었다.

유데미와 관련된 한 가지 흥미로운 분석이 있는데, 국가별로 최근 증가율이 높았던 강좌들은 서로 달랐다. 미국인들은 어도비 일러스트레이터(326%), 스페인 사람은 피아노(466%)와 투자(262%), 인도인들은 비즈니스 기초(281%)와 커뮤니케이션 기술(606%), 이탈리아인들은 기타(431%), 카피라이터(418%), 포토샵(347%) 등의 증가율이 높았다. 기업과 기관들의 경우, 재택근무(21,598%), 가상팀(1,523%), 의사 결정(277%), 자기개발(237%), 스트레스 관리(235%) 등이 높았고 신규 강좌 생성이 가장 많았던 분야는 오피스 생산성(159%), 헬스 & 피트니스(84%), IT & 소프트웨어(77%), 자기개발(61%) 등으로 현재의 코로나 팬데믹 상황을 많이 반영하고 있음을 알 수 있다.[125]

코로나19 사태를 계기로 향후 기업 교육의 방향도 앞서 살펴봤던 학교 교육의 변화 방향과 어느 정도 비슷하지만, 다소 차이점이 있다면 학교 교육보다 성인 대상 교육은 온라인 기반의 비대면 교육 비중이 훨씬 크다는

---

125 New Udemy Report Shows Surge in Global Online Education in Response to COVID-19, April 30, 2020, Udemy

점이다. 그리고 그 연장선에 예상되는 다음 몇 가지 주요 변화에 관심을 가져야 한다.

기업들이 비대면을 활용한 기업 교육에서 직면할 첫 번째 변화는 버추얼 클래스(Virtual class) 형태의 일반화다. 버추얼 클래스는 온라인상에서 학습에 참가한 사람이 프레젠테이션, 토론과 다양한 상호작용을 하는 방식의 교육을 통칭하는 것인데, 기존의 강사가 진행하던 대면 교육을 비대면 형식으로 이식했다고 생각하면 된다. 기존의 단방향식 이러닝(e-learning)에 비해 쌍방향식으로 운영되는 버추얼 러닝은 교육의 내용이 복잡하고 협업의 효과가 중요할 때 더욱 효과적이다. 그렇지만 학습 효과를 고려했을 때 이러닝과 버추얼러닝을 유기적으로 혼합 설계해 사용할 필요가 있다.

두 번째 변화는 업무경험이나 지식공유 등의 비공식 학습(Informal learning)이 중요해지고 있다. 제인 하트(Jane Hart)의 조사 결과에 따르면,[126] 비공식 학습은 업무경험 및 지식 공유, 웹서칭, 피드백과 코칭, 전문가 네트워킹 분야로 점점 확대되고 있다. 조직 구성원들끼리 자발적 정보교환과 학습이 이뤄질 수 있도록 학습 플랫폼에서 가상 커뮤니티를 효과적으로 지원해 줘야 한다. 이는 특히 디지털 네이티브인 Z 세대에게 더욱 의미 있는 장치들이다.

세 번째 변화는 기업 교육담당자가 프로듀서가 돼야 한다는 점이다. 그동안 많은 조직이 이러닝 교육을 활용했던 이유는 마트처럼 저렴하고 다양한 교육 상품이 많았기 때문이다. 그리고 무엇보다 서비스 업체와 계약만 해놓으면, 직원들이 알아서 신청하고 교육을 받기 때문에 담당자가 크게 신경 쓸 일이 없다. 어차피 대량으로 제공되는 교육이라 고객사에 따른 커스터마이징도 안 된다. 따라서 여전히 좀 더 수준 있는 교육은 오프라인의

---

126 Learning in the workplace survey, Jane Hart, 2020

강사 교육이며 그에 대한 코디네이션이 교육 담당자의 주요 역할이었다.

하지만 향후 오프라인 교육을 온라인 프로그램으로 전환하려면, 교육 프로그램을 위한 '과정 설계'에서부터 시작해야 한다. 지금 현장에서 활동하는 대부분의 강사들도 비대면 교육에 활용되는 영상 콘텐츠 개발과 관련된 역량이 부족하기 때문에 기업의 교육 담당자들은 스토리라인 개발부터 연출, 촬영, 편집 전반에 대한 기획을 직접 해야만 한다. 이는 수년 동안 교육 콘텐츠의 대세였던 짧고 결과지향적인 콘텐츠 중심의 마이크로러닝 콘텐츠 제작도 이와 마찬가지다. 따라서 앞으로 교육 담당자는 영상 콘텐츠 제작 역량을 갖춰야 한다.

우리의 삶에 가장 많은 영향을 미치는 장소는 직장과 학교다. 코로나 팬데믹 이후 직장과 학교는 급격한 변화를 경험하고 있다. 직장에서는 재택근무, 원격근무 등의 비대면 방식이 다시 부각됐고 학교에서는 전국적인 규모의 온라인 클래스를 도입했다. 그리고 직장 내에서의 사내 교육 프로그램 역시 비대면 형식을 적극 반영하기 시작했다.

직장과 학교는 모두 전통적인 대면 방식의 문화가 굳건히 자리잡은 곳이다. 하지만 이러한 조직들 역시 코로나 팬데믹의 영향에서 벗어날 수는 없다. 지금 도입하고 있는 여러 가지 비대면 활동이 앞으로 어떻게 진화하고 발전할지 지금 당장 예측할 수는 없다. 하지만 직장과 학교 역시 비대면 활동들을 적용해 한 단계 발전할 수 있을 것이다.

06장

비대면 연결을 위한
기업의 혁신 방향

다시 생각하게 된 '거리'의 의미

1990년대 중반, '거리의 죽음(Death of Distance)'이라는 생각이 널리 통용됐다.[127] 이는 새로운 웹 기반과 통신 기술이 물리적 근접성의 가치를 획기적으로 떨어뜨려 사람들이 새로운 방식으로 의사소통하고 일할 수 있게 해준다는 개념이다. 정보의 흐름이 원활해짐에 따라 당황스러울 정도로 복잡한 글로벌 공급망들은 제품을 일상적으로 전 세계 어디에든 적시에 공급할 수 있게 해줬고 국경을 초월한 글로벌 무역이 새로운 정점에 도달했

---

127 The Death of Distance: How the Communications Revolution Will Change Our Lives, Frances
    Cairncross, 1997

다. 그리고 세계적으로 급성장한 중산층들은 전 세계를 끊임없이 여행하기 시작했다.

코로나19가 전 세계를 강타하기 이전부터 보호 무역주의와 더 강력한 이민 및 비자 정책에 대한 불안한 징후들이 나타났지만, 이런 현상이 국가 간 거리두기로 보편화될 것이라고는 누구도 예상하지 못했다. 그러나 세계 각국의 정부는 코로나19에 대처하기 위해 사람과 상품의 이동을 전면적으로 제한했다. 한 조사에 따르면, 30억 명 이상의 사람이 현재 국경이 봉쇄된 나라에 살고 있으며 93%의 사람이 입국 제한 조치를 취한 나라에 살고 있다. 언젠가는 국경이 다시 열리겠지만 출장, 여행과 같은 글로벌 연결성은 코로나 팬데믹 이전의 상태로 돌아가긴 힘들 것으로 보인다. 아이러니하게도, 코로나19 사태로 인한 현 시점의 '거리의 부활(Resurrection of distance)'을 가능하게 한 것도 테크놀로지다. 이러한 변화들은 장기적으로 우리의 주변 삶이 디지털화(Digitalization)와 지역화(Localization)될 것이라는 것을 보여준다. 바로 이 책에서 주장하고자 하는 '비대면 연결', 즉 개인, 조직 등 사회 구성요소가 거리를 유지하지만 디지털 기술을 활용해 서로 더욱 강하게 연결될 것이다.

여전히 기업들이 실행보다 논의에 더 많은 시간을 보내고 있었던 4차 산업혁명이 이번 코로나19 사태로 인해 가속화될 것이라는 것에 많은 사람이 동의하고 있는 것 같다. 앞에서 다양한 사례를 이용해 소개한 것처럼, 우리가 생활 속에서 당장 확실하게 느끼는 변화들, 즉 재택근무 솔루션, 온라인 쇼핑과 비대면 결제의 급성장 등은 기업들이 기존의 사업운영 방식을 신속하게 조정해 팬데믹 상황에 적응해 가고 있음을 보여주는 것인데, 소비자의 비대면 활동이 일상화되고 해외 사업장이나 거래처와의 교류가 어려워짐에 따라 디지털 기술 활용을 적극적으로 고민할 수밖에 없었기 때문이다. 지금까지 무수히 발생했던 위기 상황과 마찬가지로 이번 코로나 19는 기업에게 변화의 필요성과 긴급성 두 가지 모두 강조하고 있다. 하지만 변화를 가속화하는 힘은 예전에 비할 바가 아니다.

6장에서는 기업들이 코로나 팬데믹이 가속화한 비대면 연결 시대에 살아남는 데 필요한 혁신 방향을 살펴본다. 6장은 크게 디지털 트랜스포메이션과 비대면 연결을 위한 경영 관리 측면에서의 혁신 방향에 관한 내용으로 구성돼 있다. 전자는 디지털 트랜스포메이션을 통해 비대면 상황 속에서 기업 내외부가 어떻게 연결되어야 하는지를 살펴볼 것이고, 후자는 인사 및 채용, 생산성, 커뮤니케이션, 전략 등이 어떻게 변화해야 하는지를 살펴볼 것이다.

먼저 비대면 연결을 가능하게 해주는 디지털 트랜스포메이션에 대해 알아보자.

비대면 연결의 기반, 디지털 트랜스포메이션

코로나 팬데믹이 기업경영을 어떻게 변화시키고 있는지에 대한 흥미로운 몇 가지 조사 결과를 살펴보자.

미국에서 코로나19가 한참 퍼지던 6월, 오하이오 주립 대학교의 피셔 경영대학원 산하 연구소에서 미국 내 1,000여 곳의 중견기업을 대상으로 코로나19가 경영 상황에 얼마나 많은 영향을 주고 있는지 조사했다.[128]

조사에 참여한 중견기업들의 대부분은 코로나19가 거의 모든 경영활동에 부정적인 영향을 줬지만, 오히려 디지털 트랜스포메이션에게는 더 긍정

---

128 Why Covid-19 hasn't stopped digital transformation at midsize companies, Fortune, 2020년 7월 14일

코로나19가 경영 활동에 미친 영향력

경영 활동	긍정적 영향(%)	영향 없음(%)	부정적 영향(%)	긍정적 영향 －부정적 영향
매출	21	22	57	−36
공급망	15	37	47	−32
성장 기회	21	28	52	−31
시장 수요	26	21	54	−28
자본 지출	16	42	42	−26
채용	20	35	45	−25
디지털 트랜스포메이션	27	48	25	+2

적인 영향을 준 것으로 나타났다. 즉, 팬데믹을 맞이해 디지털 트랜스포메이션에 대한 투자 및 의사결정을 과거 대비 더욱 적극적으로 진행하고 있다는 것이다.

중견기업들이 디지털 트랜스포메이션을 적극 도입하겠다는 이유는 디지털 트랜스포메이션을 통해 더 큰 경쟁사들과 경쟁할 수 있는 마케팅 및 영업 기회를 발굴할 수 있고 효율성 증진 및 비용 절감을 동시에 실현할 수 있기 때문이다. 그뿐 아니라 클라우드 컴퓨팅과 디지털 플랫폼 등의 디지털 기술은 중견기업들이 예전에 비해 훨씬 적게 투자하더라도 기업 규모를 키우는 것을 가능하게 해주기 때문이다. 실제로 조사에 참여한 기업들 중 창고 임대업을 하는 기업은 회사의 모든 재고 관리 시스템을 디지털화해 최소 인력만으로도 모든 작업이 가능하도록 만들었다. 또한 캘리포니아 샌디에고에 있는 생명과학회사는 디지털 방식의 원격진료를 도입해 환자들이 직접 병원에 가지 않고도 검진이 가능한 시스템을 구축했고 뉴욕에 있는 식자재 공급회사는 주문을 받는 웹사이트, 배송 그리고 서비스 등을 디지털 기반으로 새로 설계해 고객에게 직접 배송하는 배달 서비스를 새로 선보이기도 했다.

통신 및 테크놀로지 관련 시장조사 및 컨설팅 기관인 IDC(International Data Corporation)는 지난 3월, 감염병 퇴치 시 IT와 디지털 트랜스포메이션의 가치, 코로나19가 비즈니스에 미치는 영향, 팬데믹 이후 새로운 디지털 트랜스포메이션 대책 등에 대해 중국에 있는 10개 업종 32명의 최고경험책임자(CXO, Chief eXperience Officer)의 의견을 조사했다.[129] 몇 가지 흥미로운 결과는 다음과 같다.

코로나19가 기업에 미친 세 가지 부정적인 영향
- 고객 방문 불가
- 매출 실적 대폭 하락
- 생산 재개 불가

코로나19가 기업에 미친 세 가지 긍정적인 영향
- 원거리 협업 업무 능력 향상
- 디지털 트랜스포메이션과 정보 기술의 가치에 대한 직원들의 인식 전환
- 온라인 마케팅 및 비즈니스 개발 능력 획득

광범위한 재택근무의 확산은 직원들이 디지털 트랜스포메이션과 IT 기술이 갖고 있는 가치를 다시 생각할 수 있는 기회를 제공했다. 직원들은 분산된 근무지, 즉 집과 카페 등을 사무실 또는 다른 동료들과 효과적으로 연결해주는 디지털 솔루션을 경험함으로써 마치 과거 모바일폰이 확산될 때처럼 디지털 테크놀로지가 우리의 삶의 한가운데로 들어와 있음을 강력하

---

129 CXO Surveys: IT and Digital Transformation Show Growing Value as the COVID-19 Epidemic Takes its Toll, IDC, 09 Mar 2020

비대면 비즈니스 트렌드

게 느낄 수 있었다.

이러한 조사 결과들은 기업이 코로나19와 관련된 리스크를 완화하기 위해 디지털 트랜스포메이션 프로그램을 최우선으로 추진하고 있다는 것을 보여준다. 이러한 디지털 트랜스포메이션은 조직이 위기에 대처하는 데 필요한 비즈니스와 운영 능력을 제공할 수 있을 뿐 아니라 위기 이후 성공을 위한 입지를 다질 수 있도록 해줄 것이다.

2020년 현재 기업들이 디지털 트랜스포메이션 과정에서 직면하고 있는 도전적인 핵심 과제들은 다음과 같다.

- 고객들이 참여하는 모든 사업 형태는 온라인 모드로 전환돼야 한다. 기존 수익 규모를 유지하고 고객을 유지하려면 디지털 고객 환경이 최우선이어야 한다.
- 기업이 온라인을 본격적으로 도입함에 따라 전통적인 고객 서비스 모델은 기업의 사업 활동을 원활하게 지원하는 데 한계가 있다. 따라서 판매 및 애프터 서비스에도 디지털 기능을 포함시킬 필요가 있다.
- 경영진들은 직원들이 원격으로 일할 수 있는 새로운 인재상을 구축해야 한다. 이는 디지털 기술을 도입해 고객들을 관리하는 것처럼 직원들 역시 디지털을 활용해 직원들을 관리할 필요가 있다.
- 많은 조직은 직원들의 위기 관리 역량을 강화해야 하며 이는 다시 일상적인 비즈니스 활동 수행 능력을 향상시키는 순환 구조를 만들어야 한다.
- 디지털 기반 기술인 RPA(Robotic Process Automation), 머신러닝, 인공지능 등을 활용한 업무 수행역량 강화가 절실해졌다.
- 상당수의 기업은 그들의 공급망에 부정적 영향을 주는 구매 패턴의

변화, 인력 부족, 운송 경로의 제한 등을 경험하고 있다.

- 많은 기업은 그 어느 때보다도 사이버 공격에 대한 위험이 높아졌다. 모든 조직은 해킹과 같은 사이버 위협으로부터 조직과 직원들 그리고 고객 정보 등을 방어할 수 있는 능력을 갖춰야 한다.

현재 진행되고 있는 위기 속에서 디지털을 하나의 새로운 에너지원으로 사용할 수 있는 조직들은 향후 시장에서 승자가 될 것이다. 따라서 원활한 디지털 트랜스포메이션을 위해서는 다음과 같은 핵심 디지털 과제에 전략적인 초점을 맞춰야 한다.

높아지는 고객 기대수준에 대응하기 위한 디지털 환경 개선

코로나19 사태는 소비자의 행동을 변화시켰다. 전 세계적으로 온라인 커머스의 확대와 건강에 대한 우려 때문에 비대면 구매가 증가하는 것을 목격했다. 많은 소비자가 오프라인 점포를 이탈하고 온라인 구매, 매장 내 픽업(BOPIS, Buy-Online-Pickup-In Store)의 증가가 두드러졌었는데, 아마도 소비자들은 팬데믹 약화 또는 소멸 이후에도 BOPIS와 식료품 배달 등의 구매 모델은 계속 사용할 의사가 높은 것으로 보고 있다.

그에 따라 사이트 속도와 안정성, 배송 시간 등과 같은 디지털 서비스 환경에 대한 고객의 기대치가 높아지고 있다. 이에 발맞추기 위해 유통업체들은 디지털 쇼핑에 최적화된 웹페이지 디자인부터 제대로 시작해야 한다. 예를 들어, 가장 많이 팔리는 제품(이상적으로 수익성이 높은 제품)을 쉽게 찾을 수 있도록 하는 것은 고객의 여정을 좀 더 원활하게 하는 데 도움이 된다. 미국 온라인 쇼핑몰인 아마존의 첫 페이지는 전체 제품 클릭 빈도의 거의 3분의 2를 차지한다. 피크 변환(Peak Conversion)을 위한 이상적 로드 시간은 2.7초 이하라는 점에서 동급 최강의 수준으로 로드 속도를 높이는 것도 중요하다. 이제 더 많은 고객이 모바일 기기를 통해 제품을 구매하므로 소매업체는 모든 디지털 채널이 통합되고 일관된 서비스(예: 결제 옵션 등)와 경험(예: 기기 간에 실시간 업데이트되는 쇼핑 카트)을 제공해야 한다.

온라인 커뮤니티의 구축과 육성은 새로운 아이디어는 아니지만, 최근 들어 탄력을 받고 있다. 소매업체들은 모바일 앱을 적극적으로 활용해 고객 상호작용을 강화하고 있다. 예를 들어 나이키 차이나는 앱을 통해 따라 할 수 있는 가상현실 운동 프로그램을 제공해 자사의 디지털 커뮤니티를 활성화함으로써 자사 앱의 주간 활동 사용자를 80% 증가시켰다.[130]

그리고 다수의 고객이 비대면 구매로 전환하고 있기 때문에 과거보다 데이터의 확보와 분석이 훨씬 쉬워졌고 이들 데이터에 대한 적극적 활용이 필요해졌다.

데이터, 사물인터넷 및 인공지능 등 기반 기술을 활용한 비즈니스 운영

사업의 효율적 운영과 그 운영 모델의 효과성 파악 및 개선을 위해 많은 데이터를 수집하고 분석해야 하며 데이터를 통합하고 새로운 모델을 만들어 실시간 의사결정이 가능해야 한다. 현재 운영모델을 신속하게 검증하고 새로운 데이터를 생성하고 모델링 기법을 제대로 활용한다면, 기업은 수요 예측, 자산 관리 및 운영 과정을 성공적으로 실시할 수 있을 것이다.

온라인과 오프라인 서비스의 통합이 심화됨에 따라 비대면 연결 사업과 서비스는 더욱 빠르게 성장할 것이다. 클라우드 플랫폼, 인공지능 5G와 사물인터넷(IoT) 등은 비대면 연결 사업 성장의 촉매제가 될 것이며 특히 클

---

130 Nike learned a lesson in China: Some want to sweat away their coronavirus stress, CNBC, Mar 27,2020

라우드 플랫폼은 이제 모든 사업운영에 있어 필수적이다. 클라우드 플랫폼은 온라인 커머스의 폭발적인 거래량뿐 아니라 데이터들을 신속하고 안정적으로 처리할 수 있도록 해주며 더 나아가 인공지능을 탑재해 빅데이터 분석까지 제공한다.

2019년말 알리바바는 광군제 하루 동안 13억 개의 주문을 받았는데, 1초당 54만 4,000건까지 구매가 이뤄졌고 자동 번역 서비스는 하루 동안 166억 번 사용됐다. 하루만에 생성된 데이터는 약 970페타바이트(Petabyte), 보통 1기가바이트(GB) 수준인 고화질 영화 9억 7,000만 편과 맞먹는 용량을 감당해야 했지만 주문은 모두 오류 없이 처리됐다.[131] 이커머스(E-Commerce)뿐 아니라 다양한 내부관리, 지원 기능도 클라우드를 활용하면 비용 절감, 데이터 처리속도 제고, 글로벌화도 촉진할 수 있는 등 이점이 많기 때문에 이젠 더 이상 선택이 아니다.

디지털 기술의 현대화 가속

OpsRamp 조사 결과, 기업은 대규모 원격근무를 준비하는 과정에서 사이버 공격으로부터 원격 근무자들을 보호하기 위한 정보 보안 및 규정 준수에 많이 투자하고 있는 것으로 나타났다. 실제로 화상 솔루션인 줌은 시스템 이용자가 급증해 엄청난 사용량 증가를 경험함과 동시에 즉각적인 조치가 필요한 보안 및 해킹 관련 이슈를 겪어야 했다. 또한 고객에 대한 이해와 피드백을 개선하기 위해 데이터 및 분석 분야에 대한 투자 그리고 멀티 클라우드 인프라에 대한 지속적인 투자가 확대되고 있다.[132] 여전히 많은 기업은 복잡하고 시대에 뒤떨어진 레거시 시스템(Legacy System)의

---

131 리오 리우 알리바바 클라우드 한국 · 홍콩 · 마카오 본부장 인터뷰, 매일경제, 2019.12.26
132 COVID-19 crisis pushing organizations deeper into digital transformation, April 22, 2020, ZDnet

비대면 비즈니스 트렌드

제약을 극복해야 한다. 그리고 무엇보다 중요한 것은 데이터 분석과 기반 기술에 대한 이해를 바탕으로 업무에 적용할 수 있는 디지털 역량(Digital Capabilities)을 갖춘 인력을 확보하는 것이 테크 현대화의 핵심이다.

새로운 비즈니스 모델 혁신

비즈니스 모델의 가장자리를 약간 바꾸는 식으로 접근하는 조직은 대부분 목표를 달성하지 못한다. 비즈니스의 민첩성과 안정성 간의 균형을 유지하면서 혁신 능력, 제품 및 서비스, 에코시스템 제휴 등 다양한 방법을 테스트, 수정, 적용하는 것이 일상적 활동이 돼야 한다. 이번 코로나19 위기는 산업 전반에 걸쳐 광범위한 사고와 혁신을 촉발시켰다. 3D 프린팅과 같은 기술은 의료 장비에 긴급하게 필요한 부품을 현장에서 바로 프린팅해 코로나19가 확산되는 동안 의료진을 지원했다. 이러한 산업의 잠재력은 중장기적으로 지역 사회와 여러 산업에 걸쳐 직접적인 이익을 가져다주고 있다. 한편 은행업계는 디지털 플랫폼을 통해 고객을 지원하는 새로운 방법을 찾고 있으며 현재 사회적 거리 제한의 압력을 받고 있는 식당들은 주문, 배송, 식자재 구매 등과 같은 활동을 디지털화하고 있다.

혁신 프로그램은 코로나19의 영향을 극복하기 위해 고군분투하는 기업들에게는 최우선 과제가 아닐 수도 있다. 하지만 다르게 생각하면 지금과 같은 위기의 시대야말로 기업 전반의 혁신 프로그램을 추진해 위기 관리를 위한 솔루션을 창출할 뿐 아니라 조직들이 혁신을 단행할 수 있는 이상적인 시기라고 볼 수 있다.

비대면 연결 사회에서 기업은 어떤 모습일까?

이제부터 기업들이 비대면 연결 시대를 준비하기 위해 필요한 활동들을 살펴보자.

앞에서 살펴봤듯이 비대면 비즈니스를 실현하려면 디지털 트랜스포메이션의 적극적인 구현이 핵심인데, 디지털 트랜스포메이션의 적극적인 구현이란 어떤 의미를 갖는 것일까? 디지털 트랜스포메이션은 단지 회사와 고객의 정보를 정형적이든, 비정형적이든 데이터화하는 데 그치지 않고 데이터에 기반을 두고 경영(Data-driven Management)을 하는 것이다.

여기서 데이터에 기반을 둔 경영이란, 의사결정을 사람의 경험에 기반을 둔 암묵지로 하는 것이 아니라 객관화된 데이터를 근거로 한다는 것인데, 이는 결국 업무 방식과 의사결정을 투명하게 만든다. 기업이 이러한 변화를 성공적으로 받아들이려면 기술 변화와 같은 하드웨어뿐 아니라 인사 및 조직관리, 경영전략 등과 같은 소프트한 영역도 함께 변해야 한다.

6장에서는 다음 여섯 가지 경영 활동에 대해 살펴본다.
- 직원의 건강이 조직 전체의 안정이다(인사관리 측면의 변화).
- 비대면 방식은 관리할 수 없다(조직관리 측면의 변화).
- 연결성 강화를 위한 커뮤니케이션(사내 소통 측면의 변화)
- 객관성 확보를 위한 인사의 비대면화(채용 및 평가 측면의 변화)
- 자동화를 통한 생산성 향상(사무 자동화 측면의 변화)
- 중앙집중화된 전략에서 유연화된 전략으로(전략 측면의 변화)

먼저 인사관리 측면에서 어떤 변화가 예상되는지 살펴보자.

직원의 건강이 조직 전체의 안전이다

코로나19 사태 동안 많은 기업 임원은 직원들이 재택근무에 빨리 적응하는 모습을 보고 놀랐다. 그리고 이들을 더욱 놀라게 한 것은 많은 직원이 직장으로 돌아가는 것에 그다지 열의가 없다는 것이다. 글로벌 인사컨설팅 회사인 콘페리(Korn Ferry)가 1,000명이 넘는 전문직 종사자들에게 회사로 복귀할 때 가장 기대하는 것이 무엇인지 묻자 20%가 "아무것도 없다."라고 답했다. 그리고 약 50%는 건강상의 우려 때문에 돌아가기가 두렵다고 답했다. 이러한 무관심과 경계심은 기업의 리더들에게 팬데믹 이전의 '정상적인(Normal)' 직장 생활로 돌아가는 것이 비현실적이거나 오히려 더 역효과를 낼 수도 있다는 것을 상기시켜준다. 심지어 응답자 중 약 30%만이 정상적인 출근이 재개될 때 사무실에서 다시 일할 생각이 있으며 64% 정도는 재택근무가 더 생산적인 경험이었기 때문에 굳이 사무실로 돌아갈 의향이 없다고 답했다.[133]

우리나라의 경우도 미국과 크게 다르지 않다. 휴넷이 지난 4월 조사한 바에 따르면 전체 직장인 중 81.8%는 앞으로 기회가 주어진다면 재택근무를 하겠다고 답했다. 재택근무를 해본 사람 중에서는 83.7%, 안 해본 사람은 78.7%가 재택근무에 긍정적으로 응답해 재택근무의 선호도가 매우 높은 수준임을 알 수 있다.

우리나라의 경우 상대적으로 사회적 방역이 뛰어나기 때문에 미국이나 유럽과 상황은 다르게 전개될 것으로 예상되지만, 반년 동안 전 세계가 동시에 안전의 중요성에 대해 학습할 수 있었다. 여전히 사람이 많은 곳에서는 마스크를 착용하고 일단 사람 간 거리가 가까워지면 피하고 대화할 때

---

133   Do I really have to return to the office?, 2020, Korn Ferry

일정 거리를 두려는 행동들이 마치 조건반사처럼 점차 익숙해지고 있다. 2020년 상반기의 이러한 기억들은 개인이나 조직 모두의 입장에서 깊은 흔적을 남길 것이다. 아마도 이번 바이러스가 현저하게 약화되거나 소멸돼도 우리가 지금 하고 있는 생각, 행동, 규범 등의 일부는 여전히 남게 될 것인데, 그 중심에 '사회적 거리두기'가 있을 것이며 우리의 업무환경과 일하는 방식은 이 관점에서 지속적으로 진화할 것이다.

코로나 팬데믹 이전에는 사무실은 생산성 증대, 기업문화 구축, 인재 확보 등을 위한 결정적인 역할을 한다는 것이 통념이었고 기업은 번듯한 장소에 사무실 공간을 확보하기 위해 치열한 경쟁을 벌였다. 많은 언론 기사를 통해 실리콘밸리나 샌프란시스코 베이 지역의 잘 나가는 기업의 사무실 풍경은 가보지도 않은 한국 사람조차 매우 익숙하게 알고 있을 것이다. 수시로 모임이나 미팅을 가질 수 있는 모던한 개방형 라운지와 멋진 복도, 무료 스낵으로 가득한 시리얼 용기와 갖가지 쥬스, 간단한 오락을 즐길 수 있는 공간 등 기업문화를 표출하는 현대적인 사무실은 뛰어난 인재를 영입할 수 있는 매우 중요한 자원이었다. 그러나 코로나19 사태로 인한 재택근무의 확대는 많은 고용주에게 사무실을 어떻게 사용해야 할지를 생각하는 계기를 제공했다. 뉴욕의 글로벌 디자인 회사의 브렌트 캐프런 이사는 최근 설치되고 있는 책상 사이 추가 패널을 두고 다음과 같이 설명했다. "이전의 작업대는 사생활과 음향에 관한 것이었어요. 근데 이제 그것들은 동료들 사이의 물리적 분리를 제공하는 것으로 바뀌었어요. 우리가 백신을 갖기 전까지는 물리적 장벽이 사람을 더 편안하게 해줄 것입니다."[134] 앞서 콘페리 조사에서도 직장인들이 많은 우려를 표했듯이 이제 사무실이 첫 번째로 제공해야 할 가치는 멋진 작업공간이 아니라 직원의 '건강과 안전'이다.

---

134   How offices will change after coronavirus, 15th May 2020, BBC

향후에는 직원 보호를 위해 책상들 간의 거리를 둔 배치가 유행할 수 있다.

이제 직원의 건강이 조직의 안전뿐 아니라 기업의 사회적 책임까지 연계됨을 명확히 인식해야 한다. 직원들의 건강은 직원 개인의 문제일 뿐 아니라 조직의 생산성과 연계된 문제다. 직원 한 명이 전염병에 걸리거나 사회적 거리두기와 같은 사회적 합의를 제대로 준수하지 않는다면 기업 리스크 노출 및 평판이 크게 무너질 수 있기 때문이다. 실제로 직원들이 코로나19에 확진됨에 따라 기업 본사가 폐쇄되고 예정에 없던 원격근무를 아무런 준비없이 시행한 사례를 우리는 얼마 전까지 쉽게 볼 수 있었다.

그렇다면 직원들의 건강을 고려한 안전한 사무실은 어떤 모습일지 알아보자. 우선적으로는 사무실의 1인당 제공 면적을 넓히거나 자리 간 패널 설치와 같은 구조 변경을 고려할 수 있다. 그리고 현재 적용하고 있는 위생 관련 장치와 가이드라인(출입구 체온 측정 시스템, 화장실과 탕비실 사용 가이드라인 등)을 지속적으로 유지해야 한다. 하지만 좀 더 진보적인 접근을 하는 회사들에게는 사무실이 협력적인 업무만을 위한 장소로 변화될 수 있다. 우선 원격근무는 두 가지 형태로 이뤄지는데, 한 가지는 최근 우리가 경험한 재택근무이며(커피숍, 스터디카페 등에서 근무하는 경우도 포함), 다른 한 가지는 지역별 또는 특정 조직을 위한 위성 사무실(Satellite Office)을 별도로 활용하는 것이다.

사회적 거리두기, 즉 직원, 고객 그리고 자원의 분산 정책을 진행할 때 반드시 고려해야 할 점은 협업 시스템과 프로세스를 어떻게 설계 및 운영할 것인지다. 그리고 최근 많은 연구는 재택근무의 시행으로 고용주 입장에서도 비용 절감 효과가 있다는 것을 보여주고 있지만, 매우 다양한 시나리오가 가능하기 때문에 기존 방식으로 근무공간을 활용했을 때와의 비용을 비교해봐야 할 것이다.

비대면 방식은 관리할 수 없다

코로나19 사태가 터지자 기업은 변해야 했다. 고객 서비스 제공, 공급업체와의 협력, 동료와의 협력 등 작년까지의 일상적인 비즈니스 방식들이 더 이상 정상적으로 작동하지 않게 됐다. 기업은 의사결정의 속도를 높이는 동시에 생산성을 향상시키고 기술과 데이터를 새로운 방식으로 사용하며 혁신의 범위와 규모를 가속화해야 했다. 그리고 이러한 활동은 효과가 있었다.

- 점포 직원 1,000명을 3주 만에 재교육시켜 새로운 직무에 성공적으로 재배치했다(글로벌 통신 회사).
- 새로운 비즈니스 모델 출시를 당초 18개월로 계획했지만, 이틀 만에 준비를 완료해 길거리 배송을 시작했다(소매업체).
- 일주일 안에 인공호흡기를 설계하고 제조했다(엔지니어링 회사).

• 의사결정을 미팅 한 번으로 끝냈고 모든 미팅 참가자를 9명 이하로 제한했으며 파워포인트 사용을 금지했다(IT 회사).

위에 언급한 사례들은 팬데믹으로 인한 급속한 경기 위축과 비대면 사회로의 전환에 대응하기 위해 비상경영 체제에 들어간 기업 경영진들의 생생한 경험담이다.[135] 여기에서는 급박한 상황에서 스피드 있게 대응한 것으로만 보일 수 있지만, 이러한 업무 방식이 일상이 된다면 조직은 어떻게 운영돼야 할까? 수평적 조직, 자율적이고 분권화된 조직 그리고 강력한 리더십이 있어야 한다. 평소 많은 책과 논문, 기사들에서 많이 들어본 것들이다. 규모가 작은 조직은 강력한 리더십에만 의존해도 충분할 수 있지만, 조금이라도 규모가 커진다면 앞서 언급한 것들이 모두 어느 정도 수준에 도달해 있어야 한다. 모든 조직은 고용주의 의지와 상관없이 기본적으로 구성요소들 간에 균형잡힌 상호작용을 필요로 하기 때문이다.

이제 비대면 연결 방식에 필요한 조직 운영에 대해 살펴보자. 과거에 비해 기업들의 계층은 많이 축소되는 추세다. 일반적인 회사는 계층이 사업부 또는 사업본부, 팀, 파트 정도로 나뉘어 있으며 사업 규모가 큰 회사라 하더라도 담당 부서가 추가된 형태를 유지하고 있다. 관리자 아래는 예전 호칭 체계를 없앰으로써 팀 구성원들을 연차에 관계 없이 수평화했다.

아직도 많은 기업이 대(大)팀제가 맞느냐, 소(小)팀제가 맞느냐에 대한 고민을 하는 경우를 흔히 볼 수 있다. 이에 대한 관점은 A/B 테스트에서 더 나은 것을 고르는 것이 아니다. 성과관리에서 상대평가가 맞느냐, 절대평가가 맞느냐와 같은 정말 비생산적인 논쟁이다. 어느 것을 택하든 장단

135　Ready, set, go: Reinventing the organization for speed in the post-COVID-19 era, June, 2020, Mckinsey&Company

A/B 테스트는 두 가지 시안 A, B 중에서 소비자들이 어떤 시안을 선택하는지를 살펴보는 조사 방법이다.

점이 있는데, 상대적 비교우위가 있는 것이 아니라 회사의 여러 가지 변수들, 즉 회사의 성장 사이클 단계, 조직 규모, 업무 방식, 커뮤니케이션 방식, 리더들의 역량 수준 등을 고려해 그 시기, 그 회사에 적절한 관점을 정하면 되는 것이다.

예전부터 수평적 조직이 효과적이라는 주장은 의사결정의 단계를 줄임으로써 사업수행의 신속성을 높이기 위한 고민에서 시작됐다. 그런데 회의와 보고가 많다면 아무리 의사결정 단계가 줄었다 한들 의사결정이나 사업진행의 속도가 높아지지 않는다. 왜냐하면 대부분의 임원, 관리자 그리고 팀원까지 회의와 보고 준비가 주 업무가 되므로 실행을 위한 시간과 에너지 투입은 50% 정도 수준을 넘지 않는다. 어떤 형태로든 비대면 방식의 업무가 도입, 확산된다면 그 자체로 이미 일의 분권화가 진행될 수밖에 없고 그에 따라 구성원들에게 자율성을 부여해야 한다. 눈앞에 보이지 않는 직원을 통제하려고 하거나 통제하려는 욕구가 솟구친다면 실제 얼마나 많은 에너지를 투입해야 할 것인지 상상해보라. 특히 평소 업무가 직원들을 닦달해 과제를 진행시키는 관리자들은 원격근무가 확장되면 이전보다 많은 에너지를 쏟아부어야만 한다.

수평화된 자율 조직의 대표적인 사례를 한 가지 살펴보자.

수평화된 자율 조직을 운영하고 있는 네덜란드의 재가요양 서비스 회사인 뷔르트조르흐(Buurtzorg)는 2006년 4명의 간호사들로 출발했으며 현재 1만 명 이상의 간호사, 약 1,000개 팀이 25개국에서 활동할 정도로 규모가 커졌다. '근린 지역 간호(이웃 간호)'의 뜻을 지닌 뷔르트조르흐는 수많은 지지자로부터 전 세계의 의료 시스템이 직면한 문제를 해결해줄 수 있는 강력한 모델로 받아들여지고 있다. 이들 조직 운영의 주요 특징은 다음과 같다.[136]

자율성에 기반을 둔 열정

이전에 다른 전통적인 의료 기관에서 일한 적이 있는 직원들은 고객에게 최상의 의료 서비스를 제공할 수 있는 방법에 좀 더 개방적으로 접근할 수 있으므로 온전히 일에 대한 통제감을 느낀다. 팀 내 관리자가 없고 공동 의사결정 형태로 운영되므로 모두가 전문가이면서 책임자처럼 일한다.

팀 네트워크

뷔르트조르흐에서는 1,000여 개 팀이 완전히 독립적으로 움직인다. 각 팀은 고객을 발굴하고 상담하며 서비스 계획을 수립하거나 일정을 관리하고 고객들에게 돌봄을 제공하며 필요한 직원도 자체적으로 고용한다.

본부는 약 50명 정도로 구성돼 의료비 청구, 공식 재무제표 작성, 급여

---

136 Buurtzorg: revolutionising home care in the Netherlands, November 15, 2018, Centre for Public Impact

지급, IT 시스템 구축 및 운영과 같은 불가피한 관리 업무만 수행하며 지역별 코치들 약 20명 정도로 각 팀에게 필요한 조언과 모범사례 개발을 장려하고 여러 팀에 전파 활동을 한다.

강력한 테크놀로지

뷔르트조르흐의 1,000개 팀 네트워크는 단순한 부분들의 합을 넘어선다. 뷔르트조르흐의 핵심 역량은 전 세계에 산재해 있는 네트워크를 최상의 상태로 운영하기 위한 지식 공유, 고객에게 집중하기, 목표와 활동의 지속적인 연계 등을 촉진할 수 있는 IT 인프라다. 다음은 뷔르트조르흐가 테크놀로지의 힘을 어떻게 활용하고 있는지를 보여주는 단적인 사례다.

- 간호사가 익숙하지 않은 특정 진료 문제에 부딪히면 인트라넷에 질문을 올리고 몇 시간 안에 10,000명 이상의 동료로부터 답변을 받는다.
- 고객과 함께 보내는 시간과 활동들을 정리해 일상적으로 공유해 다양한 팀들이 고객 포커스에 대한 통찰력을 얻을 수 있다.
- 정보 공유 시스템은 흩어져 일하는 사람들 사이의 쉬운 의사소통 수단이다. 블로그 게시물을 작성함으로써, 동료들에게 중요한 주제에 대해 쉽고 즉각적으로 알릴 수 있고 타인들의 조언을 얻을 수 있다.

뷔르트조르흐의 디지털 플랫폼은 고객관리, 조직관리, 교육/훈련, 정보공유, 행정지원 하위에 8개 메뉴로 구성돼 있는데, 모든 직원이 일상적으로 활용할 수 있는 현장 중심형으로 만들어졌다. 특히 인상적인 부분은 이들이 여러 지역에 흩어져서 독립적으로 모바일 워킹을 하고 있기 때문에 일상적인 관리 업무뿐 아니라 학습을 위해 수시로 시스템을 활용하며 자생적인 혁신 활동을 한다는 점이다.

우리가 뷔르트조르흐의 운영 모델을 잘 살펴봐야 하는 이유는 현재의 논의 주제인 비대면 연결 사회에서 요구되는 대부분을 직관적으로 구현하고 있기 때문이다. 즉, 매니저 0명의 극단적인 계층구조, 개인과 팀 단위 자율 조직, 모바일 워크와 독립적으로 산재해 운영되는 팀들을 효과적으로 연결시켜주는 디지털 플랫폼이 바로 그것이다. 창립 멤버이자 CEO인 조드 브록(Jos de Blok)은 인터뷰에서 "여기 있는 동안 나는 정책 문서를 작성한 적이 없다. 우리의 일은 고객과의 관계를 구축하는 데만 집중할 뿐 주변의 전략적인 헛소리 따위는 전혀 없다."라고 말했다.[137] 이러한 가치관이 현장중심적이고 자율적인 조직 운영에 그대로 반영돼 있는 것을 알 수 있다. 한편, 뷔르트조르흐가 사회적 기업이라는 것, 회사 설립 시부터 단순한 구조로 세팅됐기 때문에 일반 기업 조직에 적용하기 어렵다는 반대 의견도 많았지만, 어느 정도의 시간과 규모가 축적되는 경우 조직의 운영 원리는 사실 어떤 산업에 있든 큰 차이는 없다.

리더들이 핵심적이지 않은 의사결정을 위임할 수 있어야만 좀 더 긴급하고 중요한 의사결정에 초점을 맞출 수 있다. 즉, '어젠다를 상부로 올려 보내기'가 아니라 '적절하게 현장에 할당'하는 것이다. 느린 결정은 종종 불완전한 결정보다 나쁠 수 있다. 더욱 빨리 움직이길 원하는 조직은 직원들에게 동기를 부여해야 한다. 그러나 안타깝게도 웬만하면 일을 만들어 '상부로 올려 보내기'를 하는 리더를 우리는 너무 자주 목격한다.

---

137 Buurtzorg's Healthcare Revolution: 14,000 Employees, 0 Managers, Sky-High Engagement, 2017, Corporate Rebels

연결성 강화를 위한 커뮤니케이션

수평적이고 자율적인 조직문화를 가능하게 하는 핵심 도구는 커뮤니케이션이다. 재택근무에 돌입하면서 가장 많은 우려를 한 부분이 협업과 커뮤니케이션이라는 것은 모두 공감할 것이다. 그런데 양자의 우려 포인트는 다르다. 회사에서는 재택근무를 하는 직원들이 회사의 메시지에 빠르게 응답할 것인지, 즉 근무시간에 제대로 일하는지를 우려한다. 반면, 직원들은 관련 조직과의 업무 협업을 가장 우려한다. 이해관계가 얽혀 있거나 과제가 복잡하면 간단한 미팅으로 쉽게 끝나지 않기 때문이다. 이들은 재택근무의 가장 큰 장점을 상사(특히 임원)와의 커뮤니케이션이 줄어든 것이라고 생각한다.

미래 사회의 주류가 될 밀레니얼세대와 Z 세대에 대한 수많은 연구는 기성세대와 조직들에게 '구세대들이여, 디지털 네이티브들을 적극적으로 이해하고 그들에게 적응하라!'는 일관된 메시지를 전달하고 있다. 그 전에 우선 인류학자 에드워드 홀(E. T. Hall)이 제안한 의사소통 문화 유형에 대한 내용을 상기해보자. 홀에 따르면, 맥락(Context)은 의사소통에 참여한 구성원들 간에 상호 이해를 돕는 사회적, 문화적, 정치적 공유 요소를 뜻한다. 고맥락 문화는 다른 사람과의 의사소통이나 인간관계에 있어서 상대방이 언급한 텍스트, 언어 자체보다는 의도나 배경에 더 큰 비중을 둔다. 반면 저맥락 문화는 맥락이나 상황보다는 상대방이 언급한 내용이나 기록된 정보 자체에 더 큰 비중을 둔다. 동양이 상대적으로 고맥락 문화에 해당한다면 서구 지역은 저맥락 문화에 해당한다.

밀레니얼 세대와 Z 세대들은 모바일 문화 속에서 성장해왔기 때문에 음성보다는 문자를, 긴 문장보다는 짧은 문장을 선호하고 비대면 문화와 저

1990년대 중반 이후 태어난 Z 세대는 디지털 기술과 함께 성장했다.

맥락 문화에 익숙하다. 그래서 의사소통할 때 구구절절 설명하거나 설명을 듣는 것을 불편해하는 반면, 자기 의견이나 궁금증을 직접적으로 이야기하는 것을 좋아한다. 반면 기성세대들은 전형적인 고맥락 문화에서 성장했기 때문에 면대면 커뮤니케이션을 선호한다. 업무 관련 커뮤니케이션에 있어서 이러한 배경적 차이는 비대면 상황에서 오해나 갈등을 유발할 소지가 크기 때문에 임원과 관리자들의 노력이 요구된다. 코로나19 확산 후 여러 아티클에서 재택근무 전환으로 인해 세심한 관리가 이뤄지도록 관리자들이 더 많은 커뮤니케이션을 해줘야 한다는 가이드라인을 제시하고 있지만, 이것은 무의미하다. 커뮤니케이션에서 황금율은 없기 때문에 리더들은 사람마다 적절한 커뮤니케이션 수준을 찾아서 적응할 필요가 있다. 사고와 행동의 유연성은 심리학적으로 봤을 때, 다른 사람, 다른 상황에 따라 적용하는 도식(Scheme)을 다양하게 만들어내기 때문이다.

최소한 커뮤니케이션하고자 하는 내용의 배경과 목적, 기대 결과물, 일정 등에 대한 내용 중심으로 간결하게 의사소통할 수 있도록 노력해야 한다. 또한 주 52시간 근무제와 더불어 재택근무가 적용된다면 리더들은 일과 개인의 삶을 잘 구분해야 한다. 이를 위해서는 불필요한 감정 소모가 서로 생기지 않도록 업무 일정 관리에 대해 정기적으로 논의하는 절차를 반드시 만들어야 한다.

객관성 확보를 위한 인사의 비대면화

2020년 7월 중순, 국민은행은 인공지능 알고리즘을 이용해 하반기 영업점 직원의 인사이동을 실시했다. 인공지능은 지방 격오지에 근무하는 직원을 제외한 영업점 직원들의 근무기간, 자격증 여부, 업무 전문성 그리고 출퇴근 거리 등을 종합적으로 판단해 근무지를 결정했다고 한다. 국민은행은 2018년 이후 인사 분야에 인공지능 기술을 꾸준히 도입해왔고 향후에는 승진 및 부서 배치 등에도 인공지능을 적극적으로 활용할 예정이라고 한다.[138]

우선 인공지능이 기업 경영 중 가장 인간적인 영역인 인사 분야에 적극적으로 도입됐다는 점이 혁신적이고 두 번째는 인공지능이 실시한 인사 결과에 은행원들이 긍정적으로 반응하고 있다는 점이다. 시행된 지 얼마 안 됐기 때문에 인사이동의 결과에 대한 장기적 반응은 좀 더 두고 봐야 하지만 인사 시즌마다 자주 볼 수 있는 편파 인사라는 불만은 아직 나오지 않고 있다.

인공지능을 이용한 채용은 아직 갈 길이 먼 것 같다. 2018년 10월 아마존(Amazon)은 인공지능을 활용한 채용프로세스를 돌연 중단하겠다고 발

---

138 학연, 지연은 없었다… 사람만 본 국민은행 AI 인사부장님, 서울경제신문, 2020년 7월 15일

인사 분야에서 점점 더 많은 인공지능이 활용될 것이다.

표했다.[139] 사람에 의한 편견을 없애고 업무 효율을 증진하기 위해 채용 과정에 인공지능을 도입했지만, 오히려 여성을 차별하는 결과가 나왔기 때문이다. 당연히 인공지능은 성별에서 중립적이만 인공지능이 기계학습(Machine Learning)을 통해 적합한 지원자 후보군을 학습하는 과정에서 실리콘밸리에서 근무하는 많은 남성 개발자의 영향으로 이력서에 '여성개발자 모임에서 활동', '여대 졸업' 등의 단어가 나오면 자동으로 부정적 평가를 준 것이다. 편견을 없애기 위해 도입한 인공지능이 오히려 성별 차별을 공고히한 것이다. 더 나아가 기존 데이터로 인한 편향이 생길 수 있는 가능성 외에도 전문가들의 의견은 여전히 인공지능이 지원서(자기소개서)를 스크리닝한다는 것에 아직 회의적이다. 자기소개서를 자기만의 생각으로 온전히 작성하는 사람이 과연 몇 명이나 될까? 그리고 그런 사람이 선택될 확률은 얼마나 될까? 또한 지원자가 많은 회사의 경우 무작위로 떨어뜨려

---

139 Amazon scrapes secret AI recruiting tool that showed bias against woman, Reuters, 2018년
    10월 10일

도 그것이 얼마나 변별력 있는 행위인지 확인할 방법도 없다. 그렇기 때문에 인사와 관련된 의사결정을 위한 인공지능의 활용은 다른 분야보다 조금 더디게 진행될 것이다. 하지만 결정 오류를 줄이기 위해 그리고 앞으로 좀 더 진화한 인공지능을 활용하기 위해 근거 데이터를 많이 검토하는 것이 바람직하다.

자동화를 통한 생산성 향상

사실 자동화는 그 자체만으로 비대면 업무 실행의 첨병이다. 코로나19 사태로 급락한 생산성을 만회하기 위해 실제 많은 글로벌 기업이 업무 자동화에 많은 투자를 하고 있다. 그동안 자동화는 생산과 물류 분야에서 주로 이뤄지는 영역이라 생각했지만, 기술의 발달로 이제 지원 부서에도 자동화가 도입되고 있다.

사람이 수행하는 규칙 기반의 단순 반복 업무를 자동화하는 RPA(Robotic Process Automation)는 직원들이 좀 더 부가가치 있는 업무에 집중할 수 있도록 해준다. 예를 들어 사람의 눈으로 확인, 입력해야 했던 주민등록증 문자입력, 병원영수증 문자 입력 같은 자료 입력을 로봇이 대신해 속도와 정확도까지 향상시킬 수 있다. 호주 ANZ 은행은 거래조사, 자금 추적 회수 등 235개 업무 프로세스를 자동화했는데, 단계적 확산을 통해 33개 국가에서 1,000여 개의 로봇을 운영하고 있다.

챗봇(Chatbot)[140]은 단순한 고객 응대 서비스를 제공하는 초기 형태에서 직접적인 고객 서비스를 제공하는 형태로 진화 중인데, 고객의 개인화된 답변을 처리하고 챗봇 플랫폼 내에서 모든 서비스를 완료할 수 있는 챗봇

---

140 챗봇(Chatbot)은 채터봇(Chatterbot), 채터박스(ChatterBox) 또는 봇(Bot)이라고도 한다.

챗봇은 인공지능과 자연어처리기술을 바탕으로 사람이 문자 또는 언어로 질문을 하면 자동으로 응답을 하는 프로그램의 일종이다.

을 개발하고 있다. 기업들이 최종적으로 원하는 것은 인공지능 기반의 챗봇이며 챗봇을 활용해 고객의 제품문의, 제품 구매, 제품 A/S 등과 같은 전반적인 고객여정관리(Customer Journey Management)를 담당하게 하는 것이 목표다.

또한 사내 업무 지원 챗봇도 RPA와 마찬가지로 소모성 지원 업무에 효율적으로 대응하는 데 필요하다. 수많은 사내 규정, 가이드, 업무 프로세스를 사내 전산망 또는 그룹웨어에 아무리 공유를 해도 사람들이 찾아가질 않는다. 설사 사내 전산망에 들어가 필요한 업무 규정 또는 프로세를 찾는다 하더라도 방대하고 복잡한 시스템 구조 때문에 원하는 자료를 쉽게 찾기 힘들다. 이러한 정보를 챗봇이 바로바로 안내해준다면 업무 담당자와 문의 직원 모두 많은 시간을 절약할 수 있을 것이다.

많은 회사가 월말이 되면 매우 복잡한 실적보고서를 작성하느라 정신이 없다. 사내 전산망에서 자료를 다운로드해 엑셀 프로그램으로 엄청난 분석 보고서를 만들어낸다. 그 보고서를 위에 보고한 후 피드백을 받아 수정 작업을 한다. 실적이 안 좋기라도 하면 보고서의 양은 두 배로 늘어난다. 작은 기업은 데이터 거래와 통합이 제대로 되지 않는 사내 전산망(ERP)을 가진 경우가 종종 있어 데이터를 여기저기서 따로 다운로드해 각각의 자료들을 새로 정리해야만 한다. 이 경우, 비즈니스 인텔리전스(Business Intelligence)를 활용해 다양한 정보를 분석하고 주요 정보를 실시간 볼 수 있는 비즈니스 대시보드(Dashboard)를 이용해 실적을 정기적으로 확인하면 훨씬 생산적일 것이다.

2000년 초반, 어느 화학 회사에 취임한 CEO는 생산성 향상을 위해 정기 실적 보고를 없앴다. 실적은 시스템으로 본인이 확인했고 확인이 필요하거나 궁금한 부분은 호출할 때만 미팅을 하기로 했다. 실적 보고서를 준비할 시간에 현장을 챙기고 사업전략을 실행하라는 것이다. 그 후 회사의 보고가 현저하게 줄어들었고 의사결정 속도가 빨라졌으며 그 CEO가 재임하는 기간 동안 사업 성과와 주가가 엄청나게 올랐다.

중앙집중화된 전략에서 유연한 전략으로

대부분의 회사는 매년 4분기가 되면 다음 해를 위한 경영계획을 수립한다. 경영계획을 수립하기 위해 먼저 올 한해 동안의 매출 및 영업이익을 예측하고 내년도 목표 매출 및 영업이익을 설정한다. 그리고 내년 목표를 달성하기 위해 어떤 전략과 운영활동을 할지를 세부적으로 정리한다. 조직이 클수록, 관리 수준이 높을수록 경영계획을 준비하고 목표 수치와 달성전략 그리고 월별 세부 계획을 작성하는 데 많은 시간과 노력이 들어간다. 최종

전략은 경영목표를 달성하기 위해 경쟁자와 환경 등을 분석하고 면밀하게 경영활동을 조율하는 활동이다.

적으로 경영계획이 확정되고 전사적으로 공유된 후에는 기업의 모든 활동이 경영계획 달성을 위해 일사분란하게 움직이게 된다.

하지만 경영환경이 점점 어려워지고 예측 불가능성이 높아지고 있기 때문에 아무리 철저히 준비를 하더라도 경영계획에서 세운 예측치를 달성하기는 점점 어려워진다. 그렇기 때문에 시나리오 플래닝(Scenario Planning)과 같은 경영기법들을 사용하기도 한다. 하지만 2020년 코로나 바이러스, 2016년 중국 사드 사태, 2008년 세계 금융 위기 등과 같은 사태들이 돌발적으로 발생할 경우 미리 준비해둔 경영계획은 아무런 의미없는 숫자가될 뿐이다.

특히 사업전략은 경영계획 및 경영 환경에 더욱 민감한 영향을 받는다. 정해진 경영 목표를 달성하기 위해 위해 전략을 수립하고 이를 집행할 경영 활동들을 계획하는데, 경영 환경이 급작스럽게 바뀌고 경영계획 달성

여부가 불확실해진다면 경영전략 역시 변경돼야 한다.

하지만 대부분 경영전략과 경영계획 등은 연말에 본사 주도로 수립되고 한 번 확정되면 변경하기 어렵다. 왜 바꿔야 하는지 그리고 바꿀 경우 어떤 장단점이 있는지 등을 하나하나 설명하고 이를 증명해야 하기 때문이다. 그리고 중간에 전략 및 경영계획을 바꾸자고 말한 간부와 부서는 그에 따른 책임을 져야 한다.

비대면 방식을 경영 현장에 도입함에 따라 전략 수립 및 실행의 어려움은 더욱 가중된다. 비대면 방식을 경영에 도입하게 되면, 기존 경영 활동 대비 리스크는 증가하고 예측 가능성은 더욱 낮아진다. 그럼에도 불구하고 다양한 형식의 비대면 경영 활동은 향후 경영 트렌드로 자리잡을 것으로 예측되므로 비대면 활동을 포기할 수도 없다.

기업이 비대면 방식을 경영 활동에 도입한다면 경영전략 역시 이에 맞게 조정돼야 한다. 기존의 중앙집중화되고 획일화된 경영전략 대신 좀 더 유연하고 변화에 민감하게 반응할 수 있는 경영전략을 수립해야 한다. 이제부터 어떤 형태의 경영전략이 비대면 시대에 필요한지 알아보자.

비대면 시대에 적합한 전략의 방향은 다음과 같다.

첫 번째 방향은 몇 가지 모듈(Module)들로 구성된 전략이다. 기존의 기업전략이 하나의 복잡한 활동이 강하게 연계된 시스템으로 구성돼 있었다면, 향후 필요한 전략은 여러 개의 독립적인 모듈이 느슨하게 구성될 필요가 있다. 각각의 모듈화된 전략은 비록 상호 연계돼 있지만, 하나하나가 독립적인 성격을 지니고 있어서 특정 모듈 전략이 실패하더라도 기업 전체의 성과에 치명적인 문제를 유발하지 않도록 구성해야 한다. 또한 특정 모듈 전략이 예상 외의 성공을 거둔다면 연계된 다른 모듈 전략도 이를 쉽게 받아들일 수 있도록 해야 한다.

두 번째 방향은 테스트과 검증이 가능한 형태의 전략이어야 한다. 우리가 익숙한 대면 방식의 경영 활동과 다른 비대면 방식의 경영 활동은 상대적으로 불확실한 영역들이 많다. 소비자의 반응, 협업 파트너와의 협력 관계, 신기술 도입에 따른 리스크 등 다양한 측면에서 아직 경험하지 못한 일들이 많다. 따라서 기존의 경험과 지식보다는 실제로 일을 처리하면서 선제적으로 대응해야 한다. 이를 위해 사전에 설계된 전략보다는 전략 아이디어와 방향성을 테스트하고 가설을 검증하면서 지속적으로 전략을 보완해 나가야 한다. 이를 위해서는 전략을 계획하고 실행하는 기간이 상대적으로 짧아져야 하며 훨씬 높은 유연성을 가질 수 있어야 한다.

세 번째 방향은 전략의 계획 및 실행의 주체가 본사의 특정 경영전략 부서 또는 전략기획실이 아니라 분권화된 실무 조직이어야 한다. 경영전략을 전담하는 부서가 필요 없다는 의미는 아니다. 전사적 경영전략을 책임지고 실행 여부를 지속적으로 모니터링하는 부서는 필요하다. 하지만 비정형화되고 예측 가능성이 낮은 비대면 중심의 경영을 하려면 경영 현장에서 생산된 정보가 무엇보다 중요하며 이를 해석하고 다시 새로운 자원을 투입할 필요가 있다. 이러한 활동은 비대면 활동들을 직접 실행하는 현장 부서가 전략적 마인드를 갖고 계획 수립 및 집행을 하는 것이 바람직하다. 따라서 기업 전략은 지속적으로 분권화되고 실무 중심으로 변화할 필요가 있다.

팬데믹 이후 효율성 높은 조직에서 회복탄력성 높은 조직으로

기업들이 비대면 활동을 본격적으로 적용한다는 것은 두 가지 의미를 지닌다.

첫 번째는 기존의 익숙했던 사업 방식 대신 새로운 방식을 도입함으로써 예상되는 리스크가 더 커진다는 점이다. 비대면 사업방식의 적용은 분명 기업이 앞으로 나아갈 방향이지만, 아직 경험해보지 못했기 때문에 예상되는 리스크 및 우려 역시 증가할 수밖에 없다.

두 번째 의미는 비대면 방식의 도입은 일정 수준의 예측 불가능성을 고려해야 한다는 점이다. 비대면 활동은 기본적으로 원격 또는 사람의 직접적 관여를 최소화하는 것을 의미한다. 이러한 활동은 대면 활동처럼 바로 앞에서 업무가 이뤄지고 즉각적 관리가 이뤄지는 데 한계가 있다. 따라서 비대면 활동을 실행하려면 조직이 일정 수준의 유연성을 지니고 있어야 한다.

기업들이 비대면 활동을 기존 조직 내에 이식해 운영하려면 리스크와 유연성을 적절히 관리할 수 있어야 한다. 리스크를 일정 수준 안고 가야 하며 만약 리스크가 발생한다면 유연하게 대처해 상황을 빨리 정상화해야 한다. 비대면 상황에서는 과거처럼 모든 것을 완벽하게 예측하고 바로바로 대처하는 것이 어렵다.

따라서 비대면 방식의 업무를 적용하려면 기업 조직 역시 변해야 한다. 과거의 조직이 업무의 효율성을 극대화하기 위해 구성됐다면, 비대면 방식의 업무를 정착시키기 위해 유연성이 높은 조직으로 거듭날 필요가 있다.

유연성 높은 조직을 구축하기 위해 두 가지 활동을 고려해볼 수 있다. 첫 번째는 기업 내 조직들 간의 업무 분장을 좀 더 넓게 정의하고 상호간의 업무 대체 가능성을 증진시키는 것이다. 대부분의 기업은 부서 간 명확한 업무 분장을 바탕으로 자신들의 업무 효율성 증대를 목적으로 하고 있다. 부서 간 업무 효율성 극대화를 통해 궁극적으로 기업의 성과 극대화를 달성한다. 하지만 이러한 방식은 대부분의 활동이 예측 가능하고 안정적일 때는 효과를 크게 발휘하지만 비대면 방식을 적용해 예측 가능성이 낮아

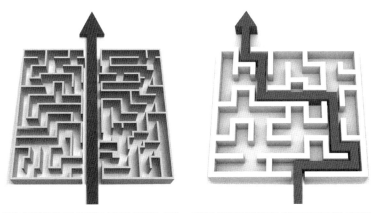

장애가 발생하면 이를 극복하고 목표에 도달하는 조직　장애가 발생하면 유연하게 대처하면서 목표에 도달하는 조직

질 경우에는 오히려 혼란과 리스크를 가져올 수가 있다. 따라서 비슷한 활동을 수행하는 부서 또는 업무 프로세스 상 앞뒤에 배치된 활동을 수행하는 부서들은 갑자기 돌발 변수가 생길 경우에 서로 유연하게 대처할 수 있도록 조직을 구성할 필요가 있다.

유연성 높은 조직을 설계하기 위해 제일 많이 고려해야 하는 점은 회복탄력성(Resilience)이라는 개념이다. 최근 경영학에서 중요하게 생각하는 개념인 회복탄력성은 외부의 스트레스를 잘 받아들이고 핵심적인 기능을 빨리 복구하고 변화하는 환경 속에서 살아남는 것을 의미한다.[141] 회복탄력성은 코로나 팬데믹처럼 매우 극적으로 변화하고 예측이 어려운 환경 속에서 더욱 중요하다.

회복탄력성을 보유한 조직을 설계한다는 것에는 기존의 조직설계와는 다른 접근법이 필요하다. 기존의 조직 설계는 기업 목표 달성을 위한 최적화된 조직 구성 및 인력 운영을 목표로 하고 있다. 하지만 회복탄력성을 감안한 조직은 기존 조직 설계와는 상반된 원칙을 갖고 있다.

141　A guide to building a more resilient business, Harvard Business Review, 2020년 7월 2일

회복탄력성은 척박한 환경 속에서도 다시 생명력을 회복한다는 의미를 지닌다.

　조직은 회복탄력성을 갖기 위해 단기적으로 불필요한 완충 요소들, 즉 버퍼를 지니고 있어야 한다. 즉 서로 다른 부서에서 비슷한 업무를 수행하거나, 최적화된 인원 구성보다 한두 명 더 많은 인원을 뽑기도 한다. 또한 조직 내 다양성을 증대시켜 조직이 너무 한 가지 특성으로만 유지되는 것을 막는다. 다양성을 높이기 위해 조직 구성원들의 경력 및 학력, 업무 전문성 등을 고려해 어느 한쪽으로 지나치게 치우치는 것을 막아야 한다.

　또한 회복탄력성을 높이기 위해 조직이나 업무 프로세스를 몇 개의 모듈(Module)로 구성할 필요가 있다. 모듈로 구성한다는 것은 특정 기능이 멈추면 그 부분만 교체해 조직 전체가 멈추는 일을 방지하는 것을 의미한다.

　마지막으로 다양한 부서 또는 외부 파트너들과 항상 협업할 준비가 돼 있어야 한다. 외부 변화가 예측 불가능하고 빠르게 변화할 때는 모든 것을 기업 내부에서 처리할 수는 없다. 이때 시의적절한 도움을 외부에서 지원받아야만 생존 가능성을 높일 수 있다.

비대면 방식을 적용하는 기업은 기업의 조직 구성과 인력 운영 방안을 앞에서 말한 것처럼 유연하고 회복탄력성이 높게 설계하고 유지해야 한다. 하지만 조직 구성이 아무리 유연하더라도 조직을 운영하고 성과를 창출하는 기업의 전략

모듈화된 조직은 문제가 발생한 부분(모듈)만 제거함으로써 전체를 효과적으로 살릴 수 있다.

이 과거 방식에서 벗어나지 않는다면 목표했던 성과를 창조하기 힘들 수 있다.

2009년 금융 위기 이후 전통적인 굴뚝산업들은 온라인 비즈니스와 플랫폼 비즈니스에 종속될것이라고 꾸준히 예견됐지만, 기존 오프라인 기업들의 대응은 놀라울 정도로 수동적이고 느렸다. 아마도 덩치가 큰 오프라인 기업은 구조적으로 빠른 변신을 하기 어려웠을 것이다.

2018년 6월, 111년간 다우지수의 대표기업이었던 GE가 다우지수 구성 종목에서 퇴출된 충격적 사건까지 있었다. 잠깐 GE의 최근 사연을 보자. 2016년 〈뉴욕타임즈〉[142]에서 GE의 디지털 트랜스포메이션 노력을 '124년된 소프트웨어 스타트업으로의 변신'이라고 평가했다. 전형적인 장치 제조업을 4차산업 시대에 맞게 혁신하고자 산업인터넷(Industrial Internet) 개념을 제시하고 막대한 자금을 투입해 GE디지털을 설립했으며 '프레딕스(Predix)'라는 소프트웨어 플랫폼 개발과 산업인터넷 운영체계도 만들었다. 하지만 결과적으로 소프트웨어 기업이라는 비전을 달성하는 데 실패했다. 그 이유는 기존 제품에 신기술을 적용하는 수준에 그치고 말아 진정한 비

---

142   G.E., the 124-Year-Old Software Start-Up, New York Times, August 28, 2018

즈니스 트랜스포메이션을 달성하지 못했기 때문이다.

많은 자료가 공통적으로 지적하는 바는 코로나19 사태로 경영 실적이 악화된 기업은 코로나19 종료 후 손익을 신속하게 개선하기 위해, 그리고 코로나 팬데믹 기간 동안 폭발적인 시장 형성으로 사상 초유의 실적을 내고 있는 기업은 이번 기회에 시장 선도 기업으로 확실히 자리잡기 위해 매우 빠른 혁신 작업을 진행하고 있다는 것을 알 수 있다. 이러한 혁신 작업의 근간에는 비대면 연결을 가능하게 하는 디지털 트랜스포메이션이 있다. 그리고 기업이 진정한 디지털 트랜스포메이션을 달성하려면 인사, 전략, 커뮤니케이션 등과 같은 경영 전반의 활동 역시 함께 변화해야 한다.

에필로그

비대면 방식의 일상생활과 비즈니스는 대면 방식의 정반대 활동이 아니라 오히려 연장선이라 볼 수 있다. 비대면 방식의 정확한 개념은 비대면 연결로, 비록 직접적인 접촉은 없지만 서로 연결돼 있다는 것이다. 비대면 연결이 성공적으로 이뤄진다면, 대면 접촉을 통한 스트레스를 줄이면서 온라인과 디지털 기술을 적극 활용해 예전보다 밀접한 연결성을 확보할 수 있다. 하지만 비대면 방식의 일상생활과 비즈니스는 하루아침에 이뤄지지 않는다.

책을 마무리하면서 향후 비대면 방식의 성공적 안착을 위해 필요한 네 가지 선결 과제를 살펴보자. 이들 선결 과제들은 비대면 방식의 일상생활을 즐겁게 지내기 위해서도 필요하고 비대면 방식의 비즈니스를 활성화시키기 위해서도 필요하다. 한 번에 네 가지 선결 과제들을 해결하면 제일 좋겠지만, 개인과 조직의 특성을 고려해 긴급하고 가능한 것 먼저 하나씩 해결해 가는 방법 역시 좋을 것이다.

비대면 방식을 위한 첫 번째 선결 조건:
신뢰의 구축

비대면 방식을 위한 첫 번째 선결 조건은 '신뢰의 구축'이다. 비대면을 위한 신뢰는 두 가지 단계로 구성된다. 1단계는 자기 자신을 인증하는 단계이고 2단계는 자기 자신이 정해진 방식대로 활동한다는 것을 증명하는 것이다. 먼저 신뢰 구축의 1단계를 살펴보기 위해, 얼마 전에 직접 경험했던 일을 다시 떠올려보자.

코로나19 때문에 늘 집에만 있다가 모처럼 시내에 나간 김에 평소에 눈여겨 보던 매장을 방문해 회원 가입을 하려고 했다. 매장 직원이 가입을 위해 몇 가지 개인 정보를 확인한 후 내 핸드폰으로 본인 인증 코드를 보냈으니 불편하더라도 바로 본인 인증을 해달라고 요청했다. 하지만 때마침 스마트폰의 배터리를 다 썼기 때문에 스마트폰이 꺼진 상태였다. 당연히 본인 인증을 할 수 없었다. 직원에게는 사정을 설명하고 운전면허증을 보여주면서 등록 마무리를 부탁했다. 하지만 직원을 스마트폰으로만 본인 인증이 가능하다고 대답했다.

그 자리에서 내가 가장 당혹스러웠던 점은 본인 인증을 하는 바로 그 순간, 나 자신, 즉 본인이 그 자리에 서 있고 국가가 보장하는 공식적 신분증을 제시했는데도 스마트폰이 연결돼 있지 않다는 이유로 나라는 존재를 인정받지 못했다는 점이다. 대면 방식의 본인 인증에서도 이런 식인데, 하물며 비대면 방식에서 나 자신을 인증받기 위해서는 무엇이 필요할지 궁금해졌다.

비대면 방식을 적응하려면 제일 먼저 본인 인증을 해야 한다. 최근에는 모바일 공인 인증서, 이동통신사 또는 카톡 등을 활용한 인증, 디지털 공인 신분증[143] 등 다양한 인증 방식이 있기 때문에 비대면 상황에서도 공식적으로 스스로를 증명하는 데는 큰 문제가 없다. 중요한 점은 본인의 개인 정보가 불법적으로 사용되거나 도용되는 경우를 막아야 하며 기업 역시 적극적으로 고객의 정보를 보호해야 한다. 이러한 점은 두 번째 선결과제인 보안과도 밀접히게 연결돼 있다

비대면 방식에서 신뢰를 구축하는 두 번째 단계는 자신이 정해진 방식으로 정확하게 활동하고 있다는 것을 증명하는 것이다. 비대면 상황에서는 다른 사람이 무엇을 하는지를 직접적으로 관찰하고 실시간으로 피드백을 주고 받을 수가 없다. 비대면 방식의 활동이 원활하게 진행되려면, 철저한 관리감독 체계를 구축해 상대방을 모니터링 하거나 또는 상대방이 스스로 정해진 규율 하에서 잘할 것이라는 믿음이 있어야 한다.

하지만 비대면 방식은 태생적으로 철저한 관리감독이 어렵다. 2020년 진행된 삼성그룹의 비대면 채용 필기시험에서는 1명의 직원이 9명의 지원자들의 손 동작 하나하나 모니터링 하는 방식으로 모든 비대면 필기시험이 치러졌다. 하지만 모든 기업들이 모든 비대면 시험을 철저하게 모니터링할 수도 없고 철저한 모니터링이 비용 및 효율 측면에서 반드시 옳은 것도 아니다.

2020년 인터넷 강의(인강)를 수강하는 대학생들이 비대면 방식으로 시험을 볼 때 부정행위를 했다는 기사들을 종종 볼 수 있었다.[144] 대학생들의 부정행위는 한국뿐 아니라 인강을 진행하는 대부분 나라가 지니고 있는 공통 문제다.[145] 이러한 비대면 상에서의 부정행위는 비대면 방식을 활용하는 당사자들 간의 신뢰 관계를 파괴해 장기적으로 비대면 방식의 활동

143 운전면허증 품은 스마트폰 앱…국개 첫 디지털 공인 신분증, 연합뉴스, 2020년 6월 23일
144 양심 가린 비대면…대학생들 '돈 줄테니 대리시험 쳐달라', 한국일보, 2020년 7월 1일
145 If my classmates are going to cheat on an online exam, why can't I?, New York Times, 2020년 4월 7일

이 정착할 수 없도록 만든다.

원격근무 또는 유연근무를 하는 기업들 역시 비대면 방식하에서 직원들과의 신뢰 구축을 위해 노력하고 있다. 기존 대면 방식, 즉 사무실 안에서 같이 업무를 진행할 때는 직원들이 무엇을 하는지 알고 있거나 적어도 알고 있다고 생각했다. 하지만 비대면 방식이 적용된 이후 기업은 직원들이 집이나 까페 등에서 정말 제대로 일하는지 우려하고 있고 원격근무 또는 유연근무에 참여하는 직원들 역시 기업이 자신들의 업무 성과를 제대로 평가할지 걱정하고 있다. 즉, 비대면 방식의 비즈니스 형태를 도입한 기업과 직원 모두 아직까지는 서로에 대한 신뢰를 구축하지 못한 것이다.

이러한 신뢰는 개인과 개인, 개인과 조직 그리고 조직과 조직 모두에게 해당한다. 개인과 개인은 비대면 방식으로 만나서 친분을 쌓는 형태일 수 있고 개인과 조직은 재택근무를 하는 직장인과 회사의 관계일 수 있다. 조직과 조직은 비대면 방식으로 거래 활동을 하는 경우일 것이다. 신뢰 구축은 모든 종류의 비대면 활동이 원활하게 작동할 수 있도록 해주는 윤활유이자 관계를 공고히 해주는 콘크리트 역할을 해줄 것이다.

비대면 방식을 위한 두 번째 선결 조건: 보안과 안전성

두 번째 필요한 선결 조건은 바로 '보안과 안정성'이다. 비대면 방식에서 보안은 크게 세 가지 관점에서 살펴봐야 한다. 첫 번째는 기업 정보 및 데이터의 보안이다. 두 번째는 개인 정보, 즉 프라이버시와 관련된 보안이다. 마지막은 온라인상에서의 지불의 안전성이다.

기업 정보 및 데이터의 보안

코로나19가 퍼지기 얼마 전
까지 회사에서 쓰는 노트북에
달려 있는 웹캠에는 대부분 스
티커를 사용해 놋쓰세 막이 놓
았다.[146] 노트북의 웹캠을 해킹
해 해커들이 웹캠으로 사무실
의 정보를 빼갈 수 있기 때문

웹캠 해킹을 막기 위해 스티커로 막아 놓았다.

이다. 하지만 지금은 노트북에 붙어 있는 웹캠이 아니라 별도의 고해상도
웹캠을 사서 오히려 노트북에 설치하고 있다.[147] 해커들의 위협도 걱정이
되지만, 당장 재택근무를 하고 있는 팀원과의 화상회의가 더 급하고 중요하
기 때문이다.

개인 정보 및 프라이버시 관련된 보안

다양한 온라인 커뮤니티에 가입해 활동을 할 경우, 개인 정보의 유출 또
는 해킹을 통해 개인 정보가 유출될 가능성이 높아진다. 또한 줌과 같은 화
상회의 시스템을 이용해 수업을 듣거나[148] 회의[149]를 할 때 갑자기 시스템
이 해킹당하는 경우도 있다. 개인 정보를 취급하는 커뮤니티와 기업들 그
리고 개인들 역시 자신들의 개인 정보 보호에 주의해야 한다.

---

146 노트북 웹캠에 테이프 붙인 저커버그 '사생활 해킹 무서워', 조선일보, 2016년 6월 23일
147 온라인 재택, 개학에… 웹캠 판매 30배 불티, 한국경제, 2020년 4월 6일
148 싱가포르, '줌' 화상 수업 중 '외설' 해킹 사용 중단, 연합뉴스, 2020년 4월 10일
149 Zoom says it will fix security holes that video hackers have exploited, CBS NEWS, 2020년 4월
     3일

온라인 결제 관련된 보안

온라인 커머스가 이미 오랫동안 진행돼 많은 부분이 정착됐지만, 온라인 커머스에서 사람들이 가장 걱정하는 것은 지불의 안전성이다. 페이팔(PayPal)이나 카카오페이 등의 간편결제 수단들이 많이 나왔지만, 여전히 소비자들은 지불의 안전성에 대한 의구심을 갖고 있다.

보안과 해킹의 관계는 언제나 창과 방패의 싸움이다. 더 날카로운 창이 만들어지면 더 단단한 방패를 찾아서 방어를 하게 된다. 비대면 방식이 진화함에 따라 보안 시스템 역시 더욱 강화될 것이고 그에 따라 해킹 방식 역시 예측을 뛰어넘는 방식으로 진화할 것이다. 하지만 비대면 방식의 일상생활과 비즈니스는 지속적으로 유지될 것이므로 선제적 보안 방식을 적용해 가면서 앞으로 나아갈 수밖에 없다.

비대면 방식을 위한 세 번째 선결 조건: 디지털 트랜스포메이션

세 번째 선결 조건은 '디지털 트랜스포메이션'이다.

전통적인 대면접촉에 기반을 둔 일상생활과 비즈니스가 비대면 방식으로 전환되기 위해서는 무엇보다 디지털 기술의 적극적 도입이 필요하다. 디지털 기술을 필요한 영역에서만 부분적으로 도입하는 것이 아니라 모든 영역에서 전면적인 디지털 기술 도입과 디지털 시스템으로의 변환을 이뤄야 한다. 즉, 최근 자주 거론되는 디지털 트랜스포메이션(Digital Transformation)을 달성해야 한다.

기업은 비대면 상황하에서도 예전과 동일한 생산성과 업무 효율을 유지하기 위해 다양한 디지털 기술, 특히 협업 툴을 적극적으로 사용하기 시작했다. 비대면 방식의 비즈니스용 툴이라고 하면 우선 화상회의용 시스템을 많이 떠올리지만, 시중에는 훨씬 다양한 툴이 존재한다. 미국의 대표적인 협업용 플랫폼(Collaboration Platform)인 슬랙(Slack)이나 마이크로소프트의 팀즈(Teams) 등은 이미 다양한 글로벌 기업이 사용하고 있다. 이외에도 캘린더 관리 툴이나 업무 관리용 툴 역시 다양한 기업이 선보이고 있다. 국내에서도 잔디(Jandi), 콜라비(Collabee) 등의 협업용 툴이 점차 시장을 넓혀가고 있다. 이들 협업용 툴은 이메일, 파일 교환, 메신저 등의 서비스들이 유기적으로 연동돼 원격으로 진행되는 비대면 업무들이 효율적으로 진행될 수 있도록 도와준다. 심지어 마이크로스프트 팀즈, 슬랙 같은 협업용 플랫폼이 조만간 고객들과의 CRM 시스템을 대체할 수도 있다는 조심스러운 의견도 나오고 있다.[150]

디지털 트랜스포메이션은 기업들의 일상 업무에만 적용되는 것은 아니다. 오히려 생산설비를 갖고 있는 제조업에게 더 큰 영향을 미칠 수도 있다. 〈포브스(Forbes)〉지는 '제조업은 코로나19로 인해 향후 18개월 안에 5년치의 혁신을 경험하게 될 것'이라고 예측했다.[151] 공장 내부뿐 아니라 공장 밖에서 적극적으로 디지털 기술을 받아들여 생산공정의 자동화와 생산혁신을 달성하고 물류 및 배송에서도 혁신을 이룰 필요가 있다는 것이다.

비대면 방식이 성공적으로 정착하는 데는 디지털 트랜스포메이션이 선택이 아니라 필수다. 하지만 우리가 종종 경험했듯이 하드웨어와 같은 기술의 적용만으로 모든 것이 한 번에 해결되지 않는다. 디지털 기술과 더불어 제도적 뒷받침 역시 병행돼야 한다.

---

150 On CRM: can Microsoft Teams or Slack replace a CRM?, Forbes, 2020년 7월 1일
151 Post Covid-19, the answer is digital transformation, now what's th questions, Forbes, 2020년
     5월 19일

비대면 방식을 위한 마지막 선결 조건: 제도적 보완

비대면 방식을 위한 마지막 선결 조건은 제도적 보완이다. 현재 우리의 일상생활과 기업의 활동은 대면 방식을 전제로 한 규범과 제도에 기반을 두고 있다. 비대면 방식이 정착하기 위해서는 대면 중심의 제도와 규범 그리고 이를 관리하는 사람의 마음가짐 등이 함께 변화해야 한다.

최근의 조사 자료를 살펴보자. 얼마 전 대한상공회의소가 국내 300여 곳의 인사 담당자들 대상으로 조사한 '코로나 이후 업무 방식 변화 실태'[152]를 살펴보면 기업들이 비대면 방식의 업무를 꺼리는 가장 큰 이유는 '기존 업무수행 방식과의 충돌(62.9%)'이었다. 업무 효율성이 비슷하거나 오히려 좋아졌다는 응답이 83.6%이고 직원 만족도가 높다는 의견 역시 82.9%인 점을 고려하면, 기업들이 무엇을 걱정하는지는 매우 명확하다.

기업은 비대면 방식의 비즈니스 활동을 도입하고 있지만, 아직까지 내부 제도와 업무 수행 방식이 대면 방식에 맞춰져 있는 경우가 많다. 비대면 방식은 앞으로 지속될 트렌드이므로 기존 방식과의 충돌 때문에 원격근무로 대표되는 비대면 방식을 더 이상 도입하지 않겠다는 것은 근시안적인 판단이다. 오히려 전향적으로 비대면 방식을 위한 제도적 보완을 수행하고 이를 통해 경쟁력을 강화하는 방안을 마련하는 것이 좋다.

제도적 보완을 위해서는 기존 인사 및 조직 운영 방안뿐 아니라 표준 업무 프로세스까지 포괄적으로 검토해야 한다. 또한 원격 근무와 같은 비대면 상황하에서 직원들과 관리자들 간의 상호 신뢰가 형성될 수 있는 방안을 강구해야 한다.

---

152 코로나 19 이후 업무 방식 변화 실태 조사, 대한상공회의소, 2020년 6월 30일

지금까지 우리 앞에 성큼 다가온 비대면 방식의 일상생활과 비즈니스에 대해 살펴봤다. 비대면 방식의 삶과 비즈니스는 전혀 새로운 것은 아니라 이미 오랫동안 우리 주변에서 끊임없이 발전해온 삶의 모습이다. 다만 최첨단 디지털 기술을 통해 우리가 막연히 생각했던 비대면 방식의 삶과 비즈니스가 생생하게 구현되고 있다. 누군가에게는 불편할 수도 있지만, 누군가에는 새로운 삶의 전환점이 될 수도 있다.

앞으로 우리의 예측을 뛰어넘는 다양한 변화가 계속 등장할 것이고 그 중심에는 비대면 방식의 일상생활과 비즈니스가 있을 것이다. 비대면 방식에 대한 충분한 이해와 통찰력을 갖고 앞으로 등장할 변화와 도전에 성공적으로 대처해 나가길 바란다.